CLAUDIUS ROSENTHAL · MATTHIAS SCHREIBER

FÜHRUNGSKRÄFTE DER BIBEL

MANAGEMENT MIT NOAH, MOSE UND PAULUS

CLAUDIUS ROSENTHAL • MATTHIAS SCHREIBER

FÜHRUNGSKRÄFTE
DER BIBEL

MANAGEMENT MIT
NOAH, MOSE UND PAULUS

SCM Hänssler

SCM

Stiftung Christliche Medien

Bestell-Nr. 394.997
ISBN 978-3-7751-4997-6

© Copyright der deutschen Ausgabe 2009 by
SCM Hänssler im SCM-Verlag GmbH & Co. KG · 71088 Holzgerlingen
                    Internet: www.scm-haenssler.de
                    E-Mail: info@scm-haenssler.de
Gesamtgestaltung: OHA Werbeagentur GmbH, Grabs, Schweiz; www.oha-werbeagentur.ch
Titelbild: istockphoto.com
Druck und Bindung: CPI – Ebner & Spiegel, Ulm
                    Printed in Germany

Soweit nicht anders angegeben, sind die Bibelverse folgender Ausgabe entnommen:
Neues Leben. Die Bibel, © Copyright der deutschen Ausgabe 2002 und 2006 by SCM Hänssler,
D-71087 Holzgerlingen.

Weiter wurden verwendet:
Einheitsübersetzung der Heiligen Schrift, © 1980 Katholische Bibelanstalt, Stuttgart.

Inhalt

Vorwort

Das Schwerste an seiner neuen Leitungsaufgabe sei die Einsamkeit, bekannte einmal ein Unternehmer. Stets lächeln, immer Zuversicht ausstrahlen, nie Zweifel zeigen oder Ratlosigkeit zugeben dürfen – das sei bisweilen unerträglich.

In der Tat gibt es eine Einsamkeit, deren Ursache mit der Übernahme von Verantwortung zu tun hat. Wer Verantwortung trägt, kennt sie nur zu genau. Sie ist da wie der Schatten beim Licht. Denn jedes geäußerte Gefühl anderen gegenüber birgt ein Risiko. Jedes »Andere-ins-Vertrauen-Ziehen« kann zur Gefahr, jedes Wort missbraucht werden. Berufsfreundschaften in Politik-, Wirtschafts- oder Medienkreisen haben bisweilen eine erschreckend kurze Halbwertszeit. Das Leben von Personen, die öffentlich Verantwortung tragen, ist häufig alles andere als beneidenswert. Vielleicht bewegt es sich bisweilen an der Grenze des Zumutbaren.

Da ist guter Rat teuer. Aber auch hochpreisige Coaching-Agenturen halten häufig nicht, was sie versprechen. Weder handwerklich noch im Blick auf die notwendige Seriosität. Mit wem aber dann ins Gespräch kommen über Kühnheit und Angst, über Erfolg und Niederlage, über Beginn und Ende einer Karriere, über Aufbrechen und Aushalten? Mit wem reden über Sorgen in der Ehe oder Familie, über Einsamkeit, Krankheit und Sterben? Wohin mit Selbstzweifeln und Sehnsüchten? Wohin auch mit allem erfahrenen Glück?

Die Alten suchten in der Bibel auf ihre Fragen Antwort. Die Alten wussten: Auch Führer sind Geführte! Dabei waren sie nicht so naiv, in den dort gesammelten Erzählungen, Wundern und Gleichnissen gleichsam Blaupausen für ihr Leben zu sehen. Vielmehr ließen sie sich führen aus der der Bibel so eigenen Mischung von Lebensweisheit und Erlösungsnachricht. Sie ließen sich führen, weil sie wussten, dass auch Führer sich selber führen lassen müssen. Ohne Führung geht nicht nur Orientierung verloren, sondern jedes Maß und alle Regel.

Mose und Noah, David und Elia standen vor ähnlichen Fragen wie wir heute. Es ist nicht nur spannend oder hilfreich zu sehen, sondern es ist oft wie ein schöner Ausflug in eine andere Zeit. Nützlich ist es, sich ihre Entscheidungen klarzumachen und sie nach Bleibendem abzuklopfen. Die Sorge um Arbeitsplätze, die Bewährung in der Versuchung, die Suche nach dem Weg aus der Krise – das alles ist nicht neu. Auch die Führungskräfte der Bibel kannten das. Die Art, wie sie sich diesen Fragen näherten, ist spannend. Und die Antworten, die sie fanden, haben Bestand.

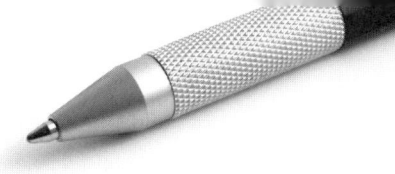

Mose

oder: Vom Zweifel beim Amtsantritt

Vor zwei Tagen stand sein Name in den Zeitungen. Die Sache ist jetzt öffentlich, die Creme aus der Tube. Die ersten Glückwünsche treffen ein: von Kollegen, aus der Politik, sogar der Bischof hat gratuliert und traut ihm besonders viel zu. Manch einer, der geschrieben hat, gibt vor, schon lange gewusst zu haben, dass sein Weg dorthin führen würde. Andere wollen schon seit seiner Studienzeit die Saat gesät sehen, die jetzt aufgeht. Rund sei seine Laufbahn und stetig. Die Erwartungen sind dementsprechend hoch und er weiß: Auch im günstigsten Fall wird er sie nicht alle erfüllen können. Schon heute graut es ihm vor den Festreden am Tage des Wachwechsels. Er hasst es, auf diese Weise im Mittelpunkt zu stehen. Dagegen wehren kann er sich letztlich wohl nicht. Insofern freut er sich darauf, wenn der neue Alltag endlich begonnen hat.

Aber wie geht er mit seinem Selbstbild um? Wo kann er die Zweifel lassen, die er spürt? Auch er ist nur ein Mensch. Auch er kocht nur mit Wasser. Auch sein Arm wird zu kurz sein, um den Horizont zu berühren. Solche Gedanken anderen anzuvertrauen, bleiben wir ehrlich, gehört sich nicht und ist zudem eine gewagte Sache. Denn er ist jetzt noch mehr ausgeliefert: Er muss noch vorsichtiger sein mit dem, woran er Dritte beteiligt. An der Wahrheit der Verse Schillers, wer eines Freundes Freund sei, dem sei der große Wurf gelungen, hat er persönlich nie gezweifelt. Er könnte Bücher schreiben über Verrat in der Freundschaft.

In der Bibel gibt es eine Geschichte, die von den Selbstzweifeln eines neu Berufenen handelt. Es ist die Erzählung von der Berufung des Mose. Beim Schafehüten ereilt ihn der Auftrag Gottes, das Volk Israel aus der Gefangenschaft in Ägypten zu führen. Und keinem anderen als Gott selbst gegenüber äußert Mose seine Zweifel. Denn er kennt seine Grenzen. Er weiß um seine Schwäche. »Wer bin ich, dass ich zum Pharao gehen und die Israeliten aus Ägypten herausführen könnte?«, fragt er, als Gott ihm den Marschbefehl erteilt.

Diese Frage von Mose wiegt schwer. Wenn Mose in den Spiegel schaut, ist er zunächst einmal ein Findelkind, ein Waise, ein Mann ohne Stammbaum, ohne Herkunft, elternlos angeschwemmt, durch Zufall gefunden im Schilf des Nils. Allein über die Folgen dieses frühkindlichen Traumas für die Psyche ließe sich trefflich spekulieren. Zudem ist Mose keiner, der mitreißt. Das müsste er als Führer jedoch sein. »Ich bin von jeher nicht beredt gewesen, auch jetzt nicht, seit du mit deinem Knecht redest; denn ich hab eine schwere Sprache und eine schwere Zunge«, entgegnet er Gott. Ein Beinahe-Stotterer in diesem Amt. Wie soll das gehen? Aber die größte Hypothek liegt an ganz anderer Stelle: Er wird in Ägypten gesucht. Er hat einen Aufseher erschlagen. Drei gewichtige Punkte, die nicht in seiner Vita stehen, die aber zu seinem Ich gehören.

Wenn man diese Geschichte aktualisiert und fortschreibt, dann landet man in unserer Zeit: Stefan Zweig schildert in »Verwirrung der Gefühle« die Selbstzweifel eines Hochschullehrers, der homosexuell ist. Es gibt Menschen, die sich fragen, wie sie Vorbild für Hunderte sein können, wenn sie das zu Hause nicht mal gegenüber einem einzigen Menschen geschafft haben; die eine Firma liquide halten sollen, während sie von ihren Geschwistern persönlich nicht einen Cent geliehen bekä-

> »Die meisten Menschen ahnen nicht, was Gott aus ihnen machen könnte, wenn sie sich ihm nur zur Verfügung stellen würden.«
>
> Ignatius von Loyola

men. Jeder kann derartige Zweifel mit der Wirklichkeit des eigenen Lebens füllen.

Mose stellt Gott eine weitere Frage. Er fragt ihn nicht nur: »Wer bin ich, dass ich zum Pharao gehen und die Israe-

> »Wir wirken,
> aber unser Wirken
> ist ein Mitwirken
> mit Gottes Wirken.«
>
> Augustinus

liten aus Ägypten herausführen könnte?« Er fragt ihn auch: »Wer bist du eigentlich, der du mich dahinschickst?« Die Antwort ist interessant: »Ich bin ich«, sagt Gott. Und auf die Frage des Mose nach sich selbst, antwortet er: »Ich werde mit dir sein.« In diesen beiden Antworten gründet der Mut des Mose, die Berufung anzunehmen. Hätte Gott zu ihm gesagt: »Du bist du« – er wäre der Totschläger und Stotterer geblieben. Aber Gott, der sich selbst treu ist und von sich selbst sagt, er sei derselbe gestern, heute und in Ewigkeit, der ist kein Wackelkandidat. Der weiß, wie es um den Menschen steht. Und deshalb sagt er nicht zu Mose: »Du bist du«, sondern er sagt: »Ich werde mit dir sein.« Das heißt: Auf mich kannst du dich verlassen. Ich bin mit dir, wenn die Zweifel kommen. Keine Angst – glaube nur.

Das ist alles andere als ein Freibrief zum Totschlagen oder Herumwüten. Die Berufung bindet ihn an die Regeln, die dieser Gott aufgestellt hat. An die Zehn Gebote, an das Wort des Propheten Micha, der sagt: »Es ist dir gesagt, Mensch, was gut ist und was der Herr von dir fordert, nämlich Gottes Wort halten und Liebe üben und demütig sein vor deinem Gott.«

Wer bin ich? Die Frage bleibt. Und Menschen haben sie sich immer wieder gestellt. Und in jedem Leben kommt der Punkt, an dem sie gestellt werden muss. Viele sind an ihr verzweifelt, weil sie mehr sein wollten, als sie konnten; andere, weil sie schlechter von sich dachten, als sie waren. Einer, der nicht verzweifelt ist, aber ermordet wurde, Dietrich Bonhoeffer, hat mit einem Gedicht aus dem Gefängnis eine Antwort gegeben, die Bestand hat, wenn der Zweifel wieder einmal die Herrschaft übernehmen will:

»Wer bin ich?
Einsames Fragen treibt mit mir Spott.
Wer ich auch bin,
Du kennst mich,
Dein bin ich, o Gott!«

2 Mose 3, 1—14

Mose und der brennende Dornbusch

[1] Mose hütete die Herde seines Schwiegervaters Jitro, des Priesters von Midian. Eines Tages trieb er die Tiere durch die Wüste und kam zum Horeb, dem Berg Gottes. [2] Da erschien ihm der Engel des Herrn in einer Feuerflamme, die aus einem Dornbusch schlug. Mose sah, dass der Busch zwar in Flammen stand, aber nicht verbrannte. [3] »Das ist ja seltsam«, sagte er zu sich selbst. »Warum verbrennt dieser Busch nicht? Das muss ich mir näher ansehen.« [4] Als der Herr sah, dass Mose herankam, um es genauer zu betrachten, rief er ihn aus dem Busch heraus: »Mose! Mose!« »Hier bin ich!«, antwortete Mose. [5] »Komm nicht näher!«, befahl Gott ihm. »Zieh deine Sandalen aus, denn du stehst auf heiligem Boden. [6] Ich bin der Gott deiner Vorfahren – der Gott Abrahams, der Gott Isaaks und der Gott Jakobs.« Als Mose das hörte, verhüllte er sein Gesicht, denn er hatte Angst Gott anzuschauen. [7] Der Herr sagte zu ihm: »Ich habe gesehen, wie mein Volk in Ägypten unterdrückt wird. Und ich habe ihr Schreien gehört. Ich weiß, wie sehr es leidet. [8] Ich bin gekommen, um sie aus der Gewalt der Ägypter zu retten und sie aus Ägypten zu führen in ein schönes, weites Land. In ein Land, in dem Milch und Honig überfließen – das Land, in dem die Kanaaniter, Hetiter, Amoriter, Perisiter, Hiwiter und Jebusiter leben. [9] Ich habe das Schreien der Israeliten gehört und ich habe gesehen, wie sie von den Ägyptern unterdrückt werden. [10] Nun geh, denn ich sende dich zum Pharao. Du sollst mein Volk, die Israeliten, aus Ägypten führen.« [11] »Wer bin ich, dass ich zum Pharao gehen und die Israeliten aus Ägypten führen sollte?«, fragte Mose Gott. [12] Er antwortete: »Ich werde mit dir sein. Und dies soll der Beweis sein, dass ich dich gesandt habe: Wenn du die Israeliten aus Ägypten geführt hast, werdet ihr mir

an diesem Berg dienen.« [13] Aber Mose wandte ein: »Wenn ich zu den Israeliten gehe und ihnen sage: ›Der Gott eurer Vorfahren hat mich zu euch gesandt‹, und sie mich dann fragen: ›Wie heißt er denn?‹, was soll ich ihnen dann antworten?« [14] Gott entgegnete: »Ich bin, der ich immer bin. Sag ihnen einfach: ›‚Ich bin‘ hat mich zu euch gesandt.‹«

Der Heilige Geist

oder: Hiergeblieben!

Da müssen die Mitarbeiter doch erst einmal schlucken: Der Chef ist fort. Keiner weiß, wie es weitergehen soll. Ob es überhaupt weitergehen kann? Die Belegschaft gleicht einem aufgescheuchten Hühnerhaufen. Kopflos. Planlos. Hinzu kommt die Sorge, alles zu verlieren. Auch das Leben. Das bürgerliche jedenfalls. Sie haben ja gesehen, wie schnell das gehen kann. Und dann dieses Memo, posthum bekannt geworden, mit einem Auftrag: Bringt das Unternehmen auf Expansionskurs. Als hätten sie momentan nicht andere Probleme. Ihnen laufen die Leute weg. Geld fehlt an allen Enden. Und statt einer Strategie findet sich da nur dieser eine Satz: »Ich werde euch den Heiligen Geist schicken, damit er euch mit Kraft aus dem Himmel erfüllt.«

Beifallsstürme löst das nicht aus. »Heiliger Geist« – was soll das sein? Welche Antwort würde der schon geben können auf die vielen Fragen? Welchen Weg aus der Krise – einer existenziellen Krise – würde diese »Kraft aus dem Himmel« weisen können? Mit ein paar Gleichnissen wird es nicht länger getan sein. Jetzt wird es ernst. Umso überraschender ist die schlichte Antwort des Heiligen Geistes, die der Tübinger Theologe Eberhard Jüngel ausgemacht hat und die er mit nur einem Wort zusammenfasst: »Hiergeblieben!«

> »Denn Gott hat uns nicht einen Geist der Verzagtheit gegeben, sondern den Geist der Kraft, der Liebe und der Besonnenheit.«
>
> 2 Tim 1, 7

Hiergeblieben! Stell dich diesem Leben! Mit seiner Routine, seinen Pflichten, seinen Widrigkeiten. Stell dich auch deiner Verantwortung. Du bist nicht nur dir allein Rechenschaft schuldig. Aber sei gewiss: Du bist nicht allein.

> »In notwendigen Dingen: Einheit.
> In fraglichen Dingen: Freiheit.
> In allen Dingen: Liebe.«
>
> Augustinus

Hiergeblieben! Bestimm dein Leben. Den Augenblick auch. Und sei gewiss: Es wird nicht über euch bestimmen!

Hiergeblieben! Handle zielstrebig und entschlossen. Und sei gewiss: Gott ist bei dir!

Hiergeblieben! Nimm dich und deine Bedürfnisse, deine Wünsche, deine Sorgen auch und Nöte ernst. Und sei gewiss: Deine Existenz ist dem Vater verdankt, der dich behütet.

Erst viel später werden die Jünger die Kraft des Heiligen Geistes begreifen. Dass er ihnen Weisheit zu geben vermag, wo sie an der Verstocktheit der Welt zu verzweifeln scheinen. Dass er ihnen Verstand und Einsicht schenkt, wo Beschränktheit regiert. Dass er Rat weiß, wo Verzweiflung wütet. Dass er ihnen Stärke gibt, wo die eigene Kraft versagt. Dass er Erkenntnis schafft, wo Blindheit war. Dass er Trost spendet, wo ihnen Traurigkeit das Herz drückt. Und dass er baut und schöpft und schafft, wo Wüste und Leere sind und wo andere verhindern, zerstören und vernichten.

> »Werft euer Vertrauen nicht weg!«
>
> Hebr 10,35

Und deshalb ist das »Hiergeblieben!« auch kein: »Du bleibst, ich gehe!« Es ist ein: »Ich bleibe bei dir – auch wenn du an der Welt verzweifelst.« Es ist ein: »Ich bleibe bei dir – auch wenn die Welt über dir zusammenbricht.« Es ist ein: »Ich bleibe bei dir, wenn du diese Welt gestalten willst!« Und vielleicht ist das »Hiergeblieben!« sogar noch mehr. Vielleicht ist es auch ein »Bleib bei mir! Ich brauche dich!«

Lukas 24, 41–50

[41] Noch immer standen sie voller Zweifel und Freude da. Er fragte sie: »Habt ihr etwas zu essen da?« [42] Sie reichten ihm ein Stück gebratenen Fisch, [43] und er aß ihn vor ihren Augen. [44] Dann sagte er: »Als ich bei euch war, habe ich euch erklärt, dass alles, was bei Mose, bei den Propheten und in den Psalmen über mich geschrieben steht, in Erfüllung gehen muss.« [45] Nun öffnete er ihnen den Blick für das Verständnis dieser Schriften. [46] Er sagte: »Es wurde vor langer Zeit aufgeschrieben, dass der Christus leiden und sterben und am dritten Tag auferstehen muss. [47] Geht in seinem Namen zu allen Völkern, angefangen in Jerusalem, ruft sie zur Umkehr auf, damit sie Vergebung der Sünden erhalten. [48] Für all dies seid ihr meine Zeugen. [49] Und nun werde ich euch den Heiligen Geist senden, wie mein Vater es versprochen hat. Ihr aber bleibt hier in der Stadt, bis der Heilige Geist kommen und euch mit Kraft aus dem Himmel erfüllen wird.« [50] Dann führte Jesus sie nach Betanien. Dort hob er die Hände zum Himmel und segnete sie.

Noah

oder: Autos bauen statt Pferde züchten

Es ist nicht gut bestellt um das Bild, dass sich die Menschen von den Führungskräften unserer Tage machen. Wer der veröffentlichten Meinung glaubt, für den sieht die Antwort der Entscheider auf die Frage nach dem »Warum«, »Wofür« und »Wozu« des Lebens aus wie eine Seite aus dem Geo-Urlaubs-Special: Luxus-Haus, Südsee-Urlaub und beim Auto der Rappen im Wappen. Und in unserem Alltag finden sich solcherart Vorurteile dann auch noch bestätigt. Da vertraut einem beispielsweise der Geschäftsführer eines Non-Profit-Unternehmens spät abends an der Bar an: »Letztlich geht es doch nur darum, dass die eigene Kasse stimmt.« Oder mitten in der Debatte über die Begrenzung von Manager-Bezügen schreibt ein Unternehmer: »Wir brauchen die Besten. Wenn das Gehalt das Mittel zum Zweck ist, sie dorthin zu bekommen, dann muss es entsprechend eingesetzt werden. Wenn andere Mittel besser wären, könnten diese verwendet werden. Momentan ist es nun aber mal das Geld, das zieht.«

Als wenn sich ein verantwortungsbewusster Mensch zu einer 80-Stunden-Woche nur dadurch motivieren lässt, dass er gerne mal die Kontonummer mit dem Kontostand verwechselt. Vor allem: Als wenn sich Mitarbeiter von einem selbstsüchtigen Workaholic motivieren lassen würden. Nirgends wird das deutlicher als in Ausnahmesituationen. Das müssen nicht einmal Krisen sein. Aber gerade die machen deutlich: Das Gehalt

> »In dir muss brennen, was du in anderen entzünden willst.«
>
> Augustinus

> »Gott kennt den ganzen Weg,
> wir kennen nur den
> nächsten Schritt.«
>
> Dietrich Bonhoeffer

mag als Lebensmittel gut sein. Als Lebenszweck trägt es nicht. Es gibt keine Antwort auf die Frage: Was treibt mich an? Warum, wofür, wozu mache ich, was ich mache? Und es reicht schon gar nicht als Antwort auf die Frage, wie es mir gelingt, meinen Mitarbeitern einen Sinn für ihr Tun zu vermitteln.

Noah hat aber genau das geschafft. Und er stand in einer wahrhaft Existenz bedrohenden Situation: Gott hatte ihm gesagt, dass er die Menschheit in der Sintflut ertrinken lassen werde und dass Noah eine Arche bauen sollte. Mehr Krise ist kaum vorstellbar.

Wie soll man da andere motivieren? Warum arbeiten, wenn nicht sicher ist, ob es nützt? Gott hat schließlich nur mit Noah gesprochen. Nicht mit seinen Söhnen und deren Frauen. Können sie sich auf Noahs Wort verlassen? Hat er Gottes Worte wirklich richtig verstanden? Hat er alles mitbekommen, was der ihm sagen wollte? Und wie genau sieht die Zukunft aus? 40 Tage soll es regnen. Und dann? Was kommt danach? Werden die Vorräte für diese Zeit reichen? Werden sie später fruchtbares Land finden, um sich und ihre Familien ernähren zu können? Wird Gott noch einmal die Erde vernichten wollen, weil sie immer noch nicht so ist, wie er sie sich vorstellt? »Solange die Erde besteht, sollen nicht aufhören Aussaat und Ernte, Kälte und Hitze, Sommer und Winter, Tag und Nacht«, wird es später, nach der Sintflut, heißen. Aber davon wussten Noah und seine Söhne damals noch nichts.

> »Alle, die wirklich Bedeutendes im Leben vollbringen, sind in ihren Anfängen Umstürzler gewesen.«
> George Bernard Shaw

Vielleicht haben diese Zweifel auch Noah geplagt. Gezeigt hat er das jedenfalls nicht. Stoisch geht er stattdessen vor. Planvoll, vorausschauend und mit großer Sorgfalt. Er hat das Ganze im Blick. Die Zukunft auch. Und er lässt sich nicht beeindrucken von dem, was andere machen. »Wenn ich auf meine Kunden gehört hätte, hätte ich schnelle Pferde züchten müssen, nicht Autos bauen«, soll Henry Ford einmal gesagt haben. Solcherart Weitblick schafft Verlässlichkeit.

Doch woher nimmt Noah sein Selbstbewusstsein? Die Antwort: Noah kann führen, weil er sich selbst auch führen lässt. Noah ist zutiefst davon überzeugt, dass Gott weiß, was er tut. Das hat wenig mit Kadavergehorsam, aber sehr viel mit Vertrauen zu tun. Und es gibt ihm eine Gelassenheit, die abstrahlt auf seine Umgebung. Es gibt ihm eine Ruhe und Kraft, mit der er andere überzeugen, motivieren kann – obwohl die Aufgabe so gewaltig ist, vor der sie alle stehen.

Ein Sprichwort sagt, wer den Menschen beibringen möchte, Schiffe zu bauen, der soll ihnen keine Zeichnungen an die Hand geben, sondern ihnen vom Meer erzählen. Da muss Erfahrung zu spüren sein. Ein Fundament. Leidenschaft und Sehnsucht. Und vor allem ein tiefer, innerer Wunsch. Eine Überzeugung.

> »Wir warten unser Leben lang auf den außergewöhnlichen Menschen, statt die gewöhnlichen um uns herum in solche zu verwandeln.«
> Hans-Urs von Balthasar

Noah und die Flut

[12] Gott sah auf die Erde, und sie war voller Verbrechen, denn die Menschen handelten böse. [13] Deshalb sprach Gott zu Noah: »Ich habe beschlossen, alle Lebewesen auszulöschen, denn die Erde ist ihretwegen voller Gewalt. Ich will sie zusammen mit der Erde vernichten! [14] Bau ein Schiff aus harzhaltigem Holz und dichte es innen und außen mit Teer ab. Bau anschließend Decks und Räume ein. [15] Das Schiff soll 300 Ellen lang, 50 Ellen breit und 30 Ellen hoch sein. [16] Lass unter dem Dach eine Öffnung – eine Elle breit – frei, die rund um das Schiff geht. Leg dann drei Decks im Schiff an – unten, in der Mitte und oben –, und setz an der Seite eine Tür ein. [17] Sieh! Ich werde die Erde mit einer Flut überschwemmen, um alles Lebendige auf ihr zu vernichten. Alles, was auf der Erde lebt, soll sterben! [18] Doch mit dir schließe ich einen Bund und du sollst, zusammen mit deiner Frau, deinen Söhnen und deren Frauen, in das Schiff gehen. [19] Bring ein Paar von jeder Tierart – ein Männchen und ein Weibchen – in das Schiff, damit sie mit dir die Flut überleben. [20] Ein Paar von jeder Vogelart und jeder Tierart, ob groß oder klein, soll zu dir in das Schiff kommen, um zu überleben. [21] Und nimm genügend Nahrung für deine Familie und all die Tiere mit an Bord.« [22] Noah führte alles genauso aus, wie Gott es ihm befohlen hatte.

Die Flut bedeckt die Erde

[1] Dann sprach der Herr zu Noah: »Geh mit deiner ganzen Familie in das Schiff, denn unter allen Menschen auf der Erde bist du in meinen Augen der einzige, der gerecht ist. [2] Nimm von allen reinen Tieren je sieben Paare mit, von den unreinen aber nur je ein Paar. [3] Wähle dann je sieben Paare von jeder Vogelart. Jedes Paar

soll aus einem Männchen und einem Weibchen bestehen, sodass jede Tierart die Flut überlebt. [4] Noch eine Woche, dann werde ich es 40 Tage und 40 Nächte lang auf der Erde regnen lassen. Ich werde alle Lebewesen, die ich geschaffen habe, vernichten.« [5] Noah führte alles genauso aus, wie der Herr es ihm befohlen hatte. [6] Er war 600 Jahre alt, als die Flut über die Erde kam. [7] Und er ging mit seiner Frau, seinen Söhnen und deren Frauen an Bord des Schiffs, um sich vor der Flut in Sicherheit zu bringen. [8] Die reinen und die unreinen Tiere, die Vögel und die Kriechtiere [9] gingen paarweise zu Noah in das Schiff hinein, so wie Gott es Noah befohlen hatte. [10] Eine Woche später kam die Flut und bedeckte die Erde. [11] Als Noah 600 Jahre alt war, am 17. Tag des zweiten Monats, brachen die unterirdischen Wasserquellen auf und die Schleusen des Himmels öffneten sich. [12] 40 Tage und 40 Nächte goss es in Strömen. [13] Doch gerade an diesem Tag war Noah mit seiner Frau und seinen Söhnen Sem, Ham und Jafet sowie deren Frauen an Bord des Schiffs gegangen. [14] Mit ihnen im Schiff waren Tiere aller Art – zahme und wilde, große und kleine – dazu alle Arten von Vögeln und Kriechtieren.

Esau

oder: Guter Rat für Zukurzgekommene

Ein Termin zur Zahnwurzelbehandlung ist harmlos im Vergleich zu einem Notartermin. Jedenfalls, wenn es um das Familienerbe geht. Die Erblasser können noch so weise gewesen sein: Gibt es mehrere Erben, so werden doch nicht alle dasselbe bekommen können. Und unabhängig davon gilt hier mehr als anderswo: Das Gleiche ist noch lange nicht dasselbe – und zwar schon gar nicht, wenn ein Unternehmen weitergegeben wird. Macht der Senior eines seiner Kinder zu seinem Nachfolger, fühlt sich der Rest übervorteilt. Entscheidet er sich, alle seine Kinder zu gleichen Teilen zu berücksichtigen, fühlen sich jene benachteiligt, die vielleicht dachten, die alleinige Verantwortung übertragen zu bekommen. Eine Erbengemeinschaft mag sein, was sie will: Eine Gemeinschaft ist sie nur selten. Wie auch immer hier entschieden wird: Die Entscheidung wird hinterfragt.

Isaak, der Vater der Zwillinge Jakob und Esau, kennt diese Situation. Sein Sohn Jakob hat ihn eiskalt betrogen – und zugleich seinen älteren Bruder Esau um das zustehende Erbe geprellt. Obwohl nun in der Erbsache selbst nichts mehr zu machen ist, gibt der Vater seinem ältesten Sohn einen Rat im Blick auf den Bruder und Erbstreiter. Er sagt zu ihm: »Hältst du durch, so streifst du ab sein Joch von deinem Nacken.«

> »Ich habe viele Dinge in meiner Hand gehalten, und ich habe sie alle verloren. Aber was auch immer ich in Gottes Hand gelegt habe, besitze ich immer noch.«
>
> Martin Luther

Dieser Rat ist am Ende so wertvoll wie das Erbe selbst. Er führt Esau in sein eige-

> »Achte auf deine Gedanken,
> denn sie werden Worte.
> Achte auf deine Worte, denn
> sie werden Handlungen.
> Achte auf deine Handlungen,
> denn sie werden Gewohn-
> heiten. Achte auf deine
> Gewohnheiten, denn sie
> werden dein Charakter.
> Achte auf deinen Charakter,
> denn er wird dein Schicksal.«
>
> Talmud

nes Leben. Er befreit ihn. Er führt ihn heraus aus dem quälenden Vergleich mit seinem betrügerischen Bruder, in dem er stets als der Zukurzgekommene dasteht. Der Vergleich ist zwar der Motor des Besseren, aber nur selten der Vater des Guten.

»Schau auf dein eigenes Leben!«, bedeutet der Satz des Vaters. »Trauere nicht Möglichkeiten von gestern hinterher, die heute keine mehr sind! Konzentriere dich auf deine Möglichkeiten!«

Esau ist wie wir. Er versteht diesen Rat des Vaters zunächst nicht. Noch ist das Gefühl zu stark, der Betrogene zu sein. Noch will er den Erbteil, der ihm seiner Meinung nach zusteht. »Wenn der Vater erst gestorben ist, dann bringe ich diesen Mistkerl von Bruder um«, sagt er und bewirkt so dessen Flucht.

Gut 15 Jahre vergehen, bis die beiden Brüder sich wiedersehen. Jakob, inzwischen ein reicher Viehhändler, fürchtet um sein Leben. Er hat den Betrug ebenso wenig vergessen wie der Bruder. Deshalb will er ihn besänftigen. Er macht ihm Geschenke. Überreichlich. Aber Esau weist sie zurück. Alle. Er nimmt nichts von Jakob. Jetzt nicht mehr.

> »Wer den Nächsten
> nicht findet,
> verliert sich selbst.«
>
> Karl Rahner

Und er vergibt ihm sogar. Er ist selbst ein Mann mit Geld und Verantwortung geworden. Er will Jakobs Familie sehen. Seine Kinder interessieren ihn mehr als das Unrecht von gestern.

Esau hat seinen Weg gefunden. Er hat den Rat des Vaters verinnerlicht und umsetzen können. Er hat »durchgehalten« und das »Joch seines Bruders abgestreift«. Er hat sich befreit von falschen Familienbanden. Er konnte das nur, weil er aufgehört hat, sich mit seinem Bruder zu vergleichen, weil er die Koordinaten seines eigenen Lebens angenommen hat. Materiell mag er betrogen worden sein. Vital hat ihn sein Vater mit diesem einen Satz unermesslich gesegnet – so sehr, dass er den Betrüger-Bruder schließlich trotzdem lieb hatte. Und das hat Esau befreit und geadelt, Jakob aber beschämt.

> »Hilf mir beten.
> Ich bin einsam.
> Ich bin unruhig.
> In mir ist Bitterkeit.
> Ich verstehe deine Wege
> nicht, aber du weißt
> den Weg für mich.«
>
> Dietrich Bonhoeffer

1 Mose 27

Jakob stiehlt den Segen von Esau

[1] Isaak war alt geworden und konnte nichts mehr sehen. Da rief er Esau, seinen älteren Sohn, zu sich und sagte zu ihm: »Mein Sohn!« »Ja, Vater?«, antwortete Esau. [2] »Ich bin nun alt geworden«, sagte Isaak, »und ich weiß nicht, wie lange ich noch zu leben habe. [3] Nimm deinen Bogen, den Köcher und ein paar Pfeile und geh hinaus aufs Feld, um mir ein Stück Wild zu jagen. [4] Bereite es zu, wie ich es gern mag, und bring es mir, damit ich es essen kann. Dann will ich dich segnen, bevor ich sterbe.« [5] Rebekka hatte das Gespräch zwischen Isaak und Esau jedoch belauscht. Als Esau zur Jagd gegangen war, [6] sagte sie zu ihrem Sohn Jakob: »Ich habe gehört, wie dein Vater deinen Bruder Esau bat: [7] ›Bring mir ein Wild und bereite mir ein leckeres Essen zu, damit ich es genießen kann. Dann will ich dich in der Gegenwart des Herrn segnen, bevor ich sterbe.‹ [8] Nun, mein Sohn, tu, was ich dir sage. [9] Geh hinaus zur Herde und hol mir zwei schöne Ziegenböckchen. Ich werde sie zubereiten, wie dein Vater es mag. [10] Du bringst ihm dann die Mahlzeit, damit er sie isst und dich vor seinem Tod segnet.«

(...)

[18] Jakob ging zu seinem Vater und sagte: »Mein Vater!« »Ja«, antwortete dieser. »Wer bist du, mein Sohn?« [19] Jakob antwortete: »Ich bin Esau – dein ältester Sohn. Ich habe getan, was du mir aufgetragen hast. Setz dich auf und iss von meinem Braten, damit du mir deinen Segen geben kannst.«

(...)

[27] Jakob trat zu seinem Vater und küsste ihn. Als Isaak den Geruch seiner Kleider roch, segnete er seinen Sohn. Er sagte: »Der Geruch meines Sohnes ist wie der gute Geruch eines Feldes, das der Herr gesegnet hat. [28] Gott gebe dir Regen im Überfluss. Er mache dein

Land fruchtbar und gebe dir Korn und Most die Fülle. [29] Völker sollen dir dienen und Nationen sollen dich verehren. Du sollst über deine Brüder herrschen. Deiner Mutter Söhne sollen sich respektvoll vor dir verneigen. Wer dich verflucht, soll verflucht sein. Wer dich aber segnet, der soll gesegnet sein.« [30] Gerade als Isaak Jakob gesegnet hatte und Jakob fortgegangen war, kehrte Esau von der Jagd zurück. [31] Auch er bereitete ein leckeres Essen zu, brachte es seinem Vater und sagte: »Setz dich auf und iss von meinem Wild, damit du mir deinen Segen geben kannst.« [32] Doch Isaak fragte ihn: »Wer bist du?« »Ich bin es doch, Esau«, antwortete er, »dein erstgeborener Sohn.« [33] Da erschrak Isaak gewaltig und fragte: »Wer war es dann, der ein Stück Wild gejagt und mir etwas davon zum Essen gebracht hat? Ich habe es bereits gegessen. Dann habe ich ihn, noch bevor du kamst, gesegnet. Ich kann den Segen nicht zurücknehmen.« [34] Als Esau das hörte, schrie er laut und verbittert auf. »O mein Vater, segne auch mich«, bat er. [35] Doch Isaak sagte: »Dein Bruder war hier und hat mich getäuscht. Er hat deinen Segen bekommen.«

(...)

[38] Esau fragte noch einmal: »Hast du wirklich nur einen einzigen Segen? Mein Vater, segne doch auch mich!« Und er begann laut zu weinen. [39] Da sagte sein Vater Isaak zu ihm: »Dort, wo du wohnst, wird das Land nicht fruchtbar sein, kein Regen fällt darauf. [40] Mithilfe deines Schwertes musst du dich ernähren. Und deinem Bruder wirst du dienen, doch dann wirst du seine Herrschaft abschütteln und frei sein.«

Abraham und Isaak

oder: Die Pflicht ruft, die Familie stöhnt

Seltsam berühren einen manche Geschichten der Bibel. Und das, obwohl ihr Gegenstand sich bestenfalls aus ihrer archaischen Umwelt heraus erklärt. In einer Zeit, in der rituelle Kindsopfer

> »Das Gras wächst nicht schneller, wenn man daran zieht.«
>
> Sprichwort

fer gang und gäbe waren, war der Ausgang der Geschichte von Abraham, der seinen Sohn opfern sollte und wollte, gewiss ein Hingucker: »Streck deine Hand nicht gegen den Knaben aus und tu ihm nichts zuleide!« Aber heute?

Dass uns diese Erzählung berührt, hat einen handfesten Grund. Es geht um die Beziehung eines Vaters zu seinem Kind. Es geht um die Diskrepanz zwischen der Liebe, die er für sein Kind empfindet, und dem, wie wenig es ihm gelingt, diese Liebe zu zeigen und zu leben. Und das führt einen mitten hinein in diese radikale Geschichte: Wem opfern wir unsere Kinder? Ist es nicht auch eine Art Opfer, das wir erbringen, wenn wir selbst am Wochenende dienstliche Termine erfüllen, aber nicht unsere Vater- oder Mutterpflicht?

Ich weiß noch, wie mich ein Vater, der beruflich Tag und Nacht beansprucht war, einmal darum bat, mit seinem Sohn, den ich bisher nicht einmal persönlich kennengelernt hatte, ins Fußballstadion zu gehen.

An seiner statt. – Es gibt eine Pflicht, die auch ein Verantwortungsträger nicht delegieren kann.

»Abraham fesselte seinen Sohn«, heißt es. Und die Frage stellt sich: Womit fesseln wir unsere Kinder? Dient der Unterricht meines Kleinkindes in chinesischer Sprache tatsächlich der Entwicklung

> »Du sollst nicht ehebrechen. Sei dir der Loyalitätspflicht dem Unternehmen gegenüber bewusst, dem du zu dienen hast. Aber sei auch nicht so mit deinem Unternehmen »verheiratet«, dass deine Familie darunter leidet. Bedenke die Treuepflicht gegenüber deiner Familie.«
>
> nach: Aktion Moses im BKU, Zehn Gebote für Unternehmer

und Menschwerdung meines Kindes oder doch mehr der Befriedigung meiner gesellschaftlichen Reputation? Steht er im Dienst verantwortlicher Erziehung oder im Dienst einer alles andere als selbstlosen Karriereplanung für meinen Sprössling? »Streck deine Hand nicht gegen den Knaben aus!« Menschen merken – anders als Hunde – früher oder später doch, wenn sie abgerichtet wurden.

> »Man erzieht durch das, was man sagt, mehr noch durch das, was man tut, am meisten durch das, was man ist.«
>
> Ignatius von Antiochia

Auch die Größe und Tragik vieler Familienunternehmen liegt hier begründet. Wie viel an Pflichtgefühl und Selbstverzicht hinter dem Firmenwappen verborgen sind, das sich auf eine hundertjährige Geschichte stützt, kann nur der ermessen, der sich der Pflicht zur Fortsetzung dieser Tradition gestellt hat – häufig unter Zurückstellung eigener, vielleicht auch eigentlicher Begabung oder Neigung! Aber nicht selten wurde der Stab vom Senior an den Junior auch weitergegeben gegen jede Vernunft und Liebe, allein um der

Tradition willen. Jede Instrumentalisierung eines Menschen kommt wie ein Bumerang zurück, wenn sich der Geist der Pflicht nicht mit dem Geist der Freiheit berührt. Wie viele Firmen könnte es noch geben, wenn der Vater nicht den Sohn geopfert hätte!? Wie viel mehr Hochachtung und Licht in einer Familie, in der die Verpflichtung im Blick auf die Firmen- und Familiengeschichte geradezu sklavisch im Mittelpunkt stand und der Stammhalter am Ende den Herausforderungen nicht standhielt!? »Streck deine Hand nicht gegen den Knaben aus und tu ihm nichts zuleide!«

> »Wenn Menschen meiner Generation mich fragen, was sie denn weitergeben sollten, dann sage ich ihnen dies: Sagt euren Kindern, dass euer Leben verdankt ist dem Lebenswillen Gottes. Sagt ihnen, dass euer Mut geliehen war von der Zuversicht Gottes. Sagt ihnen, dass eure Verzweiflung geborgen war in der Gegenwart des Schöpfers. Sagt ihnen, dass wir auf den Schultern unserer Mütter und Väter stehen. Sagt ihnen, dass ohne Kenntnis unserer Geschichte und unserer Tradition eine menschliche Zukunft nicht gebaut werden kann. Sagt ihnen, dass wir ohne innere Heimat keine Reisen unternehmen können. Denn wer nirgendwo zu Hause ist, der kann auch keine Nachbarn haben. Und sagt ihnen zu guter Letzt, dass die stete Bereitschaft zum Aufbruch die einzige Form ist, die unsere Existenz zwischen dem Leben hier und dem Leben dort wirklich ernst nimmt.«

Johannes Rau

Die Grenze zwischen angemessener Pflichterfüllung und falscher, ja kranker Pflichtversessenheit ist gewiss eine in schwierigem, unüberschaubarem Gelände. Da ist es gut, Geschichten zu haben wie die von Abraham und seinem Sohn Isaak. Sie erinnern uns rücksichtslos und ungeschminkt daran, dass allein Gott einen Menschen binden darf. Und sie machen Mut, dass sich dann am Ende auch im Blick auf die eigene

Familien- oder Firmentradition doch die Dinge noch einmal zum Besseren wenden. Und vielleicht breitet sich ja auch bei uns dann der süße Duft von gebratenem Fleisch aus, das Abraham und Isaak schließlich gemeinsam verzehren – ohne freilich das Vorgefallene zu vergessen.

1 Mose 22, 1–14

Abrahams Gehorsam wird auf die Probe gestellt

[1] Einige Zeit später stellte Gott Abraham auf die Probe. »Abraham!«, rief Gott. »Hier bin ich«, antwortete Abraham. [2] »Nimm deinen einzigen Sohn Isaak, den du so lieb hast, und geh mit ihm ins Land Morija. Dort werde ich dir einen Berg zeigen, auf dem du Isaak als Brandopfer für mich opfern sollst.« [3] Am nächsten Morgen stand Abraham früh auf. Er sattelte seinen Esel und nahm seinen Sohn Isaak sowie zwei seiner Diener mit. Dann spaltete er Holz für das Brandopfer und machte sich auf den Weg zu dem Ort, den Gott ihm genannt hatte. [4] Nach drei Tagen entdeckte er den Berg in einiger Entfernung. [5] »Wartet hier mit dem Esel auf uns!«, wies er seine beiden Diener an. »Der Junge und ich werden noch ein Stück weitergehen. Dort oben werden wir Gott anbeten und dann zu euch zurückkommen.« [6] Abraham nahm das Holz für das Brandopfer vom Esel und legte es Isaak auf die Schultern. Er selbst trug das Messer und das Feuer. Während die beiden zusammen auf den Berg stiegen, [7] fragte Isaak: »Vater?« »Ja, mein Sohn«, antwortete Abraham. »Wir haben Holz und Feuer«, sagte der Junge, »aber wo ist das Lamm für das Opfer?« [8] »Gott wird für ein Lamm sorgen, mein Sohn«, antwortete Abraham. So gingen sie zusammen weiter. [9] Schließlich kamen sie an die Stelle, die Gott Abraham genannt hatte. Dort baute Abraham einen Altar und schichtete das Holz darauf. Dann fesselte er seinen Sohn Isaak und legte ihn auf den Altar, oben auf das Holz. [10] Abraham nahm das Messer, um seinen Sohn als Opfer für den Herrn zu töten. [11] In diesem Augenblick rief der Engel des Herrn ihn vom Himmel: »Abraham! Abraham!« »Ja«, antwortete er. »Ich höre.« [12] »Lass es sein«, sagte der Engel. »Tu dem Kind nichts. Denn jetzt weiß ich, dass du Ehrfurcht vor Gott hast. Du hättest sogar deinen einzigen

Sohn auf meinen Befehl hin geopfert.« [13] Da sah Abraham auf und entdeckte einen Schafbock, der sich mit den Hörnern in einem Busch verfangen hatte. Er holte den Schafbock und opferte ihn anstelle seines Sohnes als Brandopfer. [14] Abraham nannte den Ort »Der Herr sieht«, deshalb sagt man auch heute noch: »Auf dem Berg des Herrn, wo der Herr sich sehen lässt.«

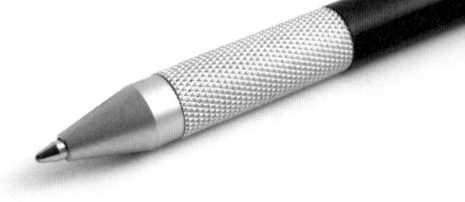

Judit

oder: Kleines Lob auf die List

Kann man in der Welt der Wirtschaft und der Politik eigentlich Christ sein? In einer Welt, in der das Täuschen und Tricksen, das Observieren und Spionieren zum Tagesgeschäft gehört? In der unwidersprochen bleibt, wenn die Wirtschaft als Krieg bezeichnet wird und in der unausgesprochen der Satz zu gelten scheint, dass keine Leiche so schön stinkt wie die des Konkurrenten?

> »Man kann nicht seine Verantwortung für andere wahrnehmen und dabei schuldlos bleiben wollen.«
>
> Dietrich Bonhoeffer

Eine der klügsten Frauen des Alten Testaments, Judit, scheint sich diese Frage nicht zu stellen. Im Gegenteil: »Lass meine listigen Worte Wunden und Striemen schlagen«, vertraut sie Gott ganz unverhohlen ihre Pläne an, mit denen die Israeliten vor der übermächtigen Streitmacht Nebukadnezars gerettet werden sollen. »Deine Macht stützt sich nicht auf die große Zahl, deine Herrschaft braucht keine starken Männer«, ruft sie – und bittet damit um nicht weniger, als dass Gott ihr bei einem hoffentlich kriegsentscheidenden Schachzug und sogar bei einem Mord hilft.

Die Bitte bleibt nicht unerhört: Judit gewinnt das Vertrauen der Feinde Israels. Mit ihrer Schönheit verdreht sie dem Heerführer Holofernes gehörig den Kopf – und schlägt ihm den bei der erstbesten Gelegenheit dann ab. So gewinnen die Israeliten den Krieg und die Belagerung findet ein Ende.

> **»Deine Absicht erst gibt deinem Werk einen Namen.«**
>
> Ambrosius

Ist Gott also ein Freund und Förderer der List und des Betruges? Der Lüge und der Verstellung? Ja, sogar von Mord und Totschlag? Einer, für den der Zweck die Mittel heiligt? Der Unrechtes nicht nur geschehen lässt, sondern sogar unterstützt? Gewiss nicht! Aber Judit ist eben auch nicht die skrupellose Agentin. Überhaupt nicht. Sie ist in ihrem Volk eine moralische Autorität, weil sie weit mehr tut, als es die göttlichen Gesetze verlangen. Judit weiß sehr wohl, dass sie beim Umsetzen ihrer Pläne gleich gegen ein ganzes Bündel der Zehn Gebote verstoßen wird.

Doch Judit weiß auch um das größere Übel, das geschehen wird, wenn sie nicht handelt. Das allein vermag ihre Pläne kaum zu rechtfertigen. Menschenleben können nicht gegeneinander aufgerechnet werden. Deshalb tut Judit bereits in ihrem unrechten Handeln Buße. Sie bittet Gott immer wieder um Beistand. Sie betet. Sie versagt sich jeden Luxus. Sie fastet und sie reinigt sich immer wieder.

Genau deshalb ist die Geschichte von Judit kein Freibrief für List und Betrug, keine Absolution für den Mord. Unrecht bleibt Unrecht. Aber es gibt eben doch auch Situationen, in denen auf erschreckende Weise erfahrbar wird: Man kann vieles nachmessen – doch was im Einzelfall angemessen ist, das kann man nicht ermessen. Judit ist in einer solchen Situation. Sie erfährt: Das Gesetz ist heilig. Aber es ist kein Selbstzweck. Und vor allem bewahrt es nicht vor Schuld.

> **»Handle so, dass die Maxime deines Willens jederzeit zugleich als Prinzip einer allgemeinen Gesetzgebung gelten könnte.«**
>
> Immanuel Kant

Die Geschichte von Judit ist keine Geschichte für Menschen, die alle Fragen geklärt haben. Unsere Welt ist keine Welt, die sich klein, handlich, auf Schubladen-Format herunterbrechen lässt.

> »Besser ist es, hinkend auf dem rechten Weg zu gehen, als mit einem festen Schritt abseits.«
>
> Augustinus

In der es für jede Situation die passende Maxime gibt. Die Welt ist eine andere: Wir betreten immer wieder Neuland. Wir werden mit Situationen konfrontiert, für die es noch keinen Ratgeber und keine Regel gibt. In der wir Grenzen verschieben müssen und in der wir uns deshalb immer und immer wieder die Frage zu stellen haben: Wie weit muss ich, wie weit darf ich über die Grenze hinausgehen – und zwar, ohne sie zu verschieben?

Judit hat diese Frage beantwortet. Für sich. Eine pauschale Antwort für uns gibt sie nicht. Aber sie gibt uns zwei Hinweise: Wer gegen Gebote und Gesetze verstößt, sollte wissen, wie hoch die Hürden, die Anforderungen an das eigene Handeln sind, um dafür auch Gott um Hilfe bitten zu können! Und zweitens: Wer sich redlich seinem Gewissen stellt und danach handelt, der darf am Ende auf einen gnädigen Richter hoffen. In dieser Welt und in der kommenden.

Judit 12–13

Judit beim Gastmahl des Holofernes

[10] Am vierten Tag gab Holofernes ein Gastmahl nur für seine Dienerschaft; von den Männern, die sonst um ihn waren, lud er keinen ein. [11] Dem Eunuchen Bagoas, der sein ganzes Eigentum zu verwalten hatte, gab er den Auftrag: Geh und rede der Hebräerin zu, die deiner Obhut anvertraut ist, dass sie zu uns kommt und mit uns isst und trinkt. [12] Es wäre wahrhaftig eine Schande für uns, wenn wir eine solche Frau gehen ließen, ohne mit ihr zusammen gewesen zu sein. Sie selber würde uns auslachen, wenn wir sie nicht an uns rissen. [13] Bagoas ging weg, trat bei Judit ein und sagte: Möge das schöne Mädchen nicht zögern, zu meinem Herrn zu kommen; sie soll ihm gegenüber den Ehrenplatz einnehmen, mit uns Wein trinken und fröhlich sein und heute den assyrischen Mädchen gleich werden, die im Palast Nebukadnezzars ihren Dienst tun. [14] Judit entgegnete: Wer bin ich, dass ich meinem Herrn widersprechen dürfte? Ich will unverzüglich alles tun, was er wünscht; das soll mir eine Freude sein bis zum Tag meines Todes. [15] Judit stand auf, legte ihr bestes Kleid und ihren ganzen Schmuck an. Ihre Dienerin eilte voraus und legte für sie gegenüber von Holofernes die Teppiche auf den Boden, die sie von Bagoas als Lager für ihre täglichen Mahlzeiten erhalten hatte. [16] Darauf trat Judit ein und nahm Platz. Holofernes aber war über sie ganz außer sich vor Entzücken. Seine Leidenschaft entbrannte und er war begierig danach, mit ihr zusammen zu sein. Denn seit er sie gesehen hatte, lauerte er auf eine günstige Gelegenheit, um sie zu verführen. [17] Als Holofernes sie aufforderte: Trink doch und sei vergnügt mit uns!, [18] erwiderte Judit: Gern will ich trinken, Herr, denn ich habe in meinem ganzen Leben noch keine solche Ehre erfahren wie heute. [19] Sie griff zu, aß und trank vor seinen

Augen, was ihre Dienerin zubereitet hatte. [20] Holofernes wurde ihretwegen immer fröhlicher und trank so viel Wein, wie er noch nie zuvor in seinem Leben an einem einzigen Tag getrunken hatte.

Judits Rettungstat

[1] Als es dann Nacht geworden war, brachen seine Diener eilig auf. Bagoas schloss von außen das Zelt und trennte so die Diener von seinem Herrn. Sie suchten ihr Nachtlager auf, denn sie waren alle von dem ausgedehnten Mahl ermüdet. [2] Judit allein blieb in dem Zelt zurück, wo Holofernes, vom Wein übermannt, vornüber auf sein Lager gesunken war. [3] Judit hatte ihrer Dienerin befohlen, draußen vor ihrem Schlafgemach stehen zu bleiben und wie alle Tage zu warten, bis sie herauskäme; sie werde nämlich zum Gebet hinausgehen. Im gleichen Sinne hatte sie auch mit Bagoas gesprochen. [4] Inzwischen hatte sich die ganze Gesellschaft entfernt und es befand sich kein Mensch mehr im Schlafgemach des Holofernes. Judit trat an das Lager des Holofernes und betete still: Herr, du Gott aller Macht, sieh in dieser Stunde gnädig auf das, was meine Hände zur Verherrlichung Jerusalems tun werden. [5] Jetzt ist der Augenblick gekommen, dass du dich deines Erbbesitzes annimmst und dass ich mein Vorhaben ausführe, zum Verderben der Feinde, die sich gegen uns erhoben haben. [6] Dann ging sie zum Bettpfosten am Kopf des Holofernes und nahm von dort sein Schwert herab. [7] Sie ging ganz nahe zu seinem Lager hin, ergriff sein Haar und sagte: Mach mich stark, Herr, du Gott Israels, am heutigen Tag! [8] Und sie schlug zweimal mit ihrer ganzen Kraft auf seinen Nacken und hieb ihm den Kopf ab. [9] Dann wälzte sie seinen Rumpf von dem Lager und riss das Mückennetz von den Tragstangen herunter. [10] Kurz danach ging sie hinaus und übergab den Kopf des Holofernes ihrer Dienerin, die ihn in einen Sack steckte. Sie machten sich dann beide wie gewöhnlich auf den Weg, als

wollten sie zum Beten gehen. Sie gingen jedoch, nachdem sie das Lager durchquert hatten, um die Schlucht herum, stiegen den Berg nach Betulia hinauf und gelangten vor das Stadttor. (Quelle: Einheitsübersetzung)

Paulus

oder: Der Nasenfaktor

> »Die Falschheit des Reichtums besteht darin, dass wir das, was wir haben, mit dem verwechseln, was wir sind.
>
> Ernesto Cardenal

Fünf junge Menschen: Talentiert. Motiviert. Ausgebildet an den besten Universitäten der Welt. Ins Leben geschickt mit den besten Examina. Mit Schneid. Und mit jeder Menge Charme. Fünf junge Menschen. Männer und Frauen. Aber nur einem von ihnen kann die Zukunft im Unternehmen gehören. Nur einer von ihnen wird die Abteilung leiten, in den Vorstand aufrücken, vielleicht sogar einmal ganz an die Spitze kommen. Doch für wen entscheiden?

Von einer Horde Lausbuben heißt es gelegentlich: Alle in einen Sack stecken und draufschlagen – es trifft schon den Richtigen. Man mag das bedauern oder nicht: Aber in manchen Personalfragen ist die Situation nicht anders. Alle in einen Sack stecken und einen rausziehen – bei den Qualifikationen kann man gar nichts falsch machen.

Manch einer verlässt sich deshalb auf das, was man den »Nasenfaktor« nennen kann. Und das heißt: Man muss sich riechen können. Oder anders: Ich muss mir vorstellen können, mit diesem Menschen zusammenzuarbeiten. Ich muss mir vorstellen können, ihm zu trauen. Zu vertrauen sogar. Ich muss davon überzeugt sein, dass

> »Urteilt nicht nach dem Augenschein, sondern urteilt gerecht.«
>
> Joh 7, 24

er den Mut haben wird, mir im Zweifel auch einmal zu widersprechen. Und ich muss für mich klar haben, dass ich diesen Widerspruch werde ertragen können. Kurzum: Nasenfaktor heißt nichts anderes, als in grundsätzlichen Fragen auf derselben Wellenlänge zu funken.

Die Christen der ersten Stunde waren nicht ganz sicher, ob sie dem Nasenfaktor trauen können. Zumindest tobte unter Petrus und Paulus und auch in den einzelnen Gemeinden ein erbitterter Streit darüber, wer denn nun zur Nachfolge Christi berufen sei. Wer sich taufen lassen und »dazugehören« dürfe. Nur die Juden? Eventuell auch bekehrte Juden? Oder auch Heiden? Und ob es in diesem Zusammenhang nicht vielleicht doch notwendig sei, zumindest auf einigen wenigen Formalitäten zu bestehen. Weltkirche – oder Kuschelkirche? Paulus – oder Petrus?

»Gott machte keinerlei Unterschied zwischen uns und ihnen«, muss Petrus sich schließlich Paulus beugen. Das ist nicht die Antwort des Pragmatikers ohne geistiges Fundament. Es ist schon gar nicht die Antwort des nüchtern analysierenden Organisationssoziologen, der sein Plansoll zum Aufbau der Kirche erreichen will. Hier spricht einer, der sich daran erinnert, dass die Jünger Jesu einfache Menschen waren – Handwerker, Fischer, Zöllner. Hätte Jesus auf durchgestylte Biografien gesetzt – seine Kirche wäre wohl ein ziemlich kleiner Haufen geblieben.

Deshalb kann auch Petrus sagen: Seht nicht auf das, was die Menschen in ihren Händen halten – sondern auf das, was sie in ihren Herzen tragen. Seht nicht darauf, wo sie herkommen – sondern wo sie hinwollen. Seht nicht auf das, was sie waren – sondern auf das, was sie sind. Entscheidet euch für Menschen, die Christen sind. Und das ist stets mehr als ein glatter, schön zu lesender Lebenslauf!

Apostelgeschichte 15, 1–12

[1] Währenddessen kamen einige Männer aus Judäa in die Stadt und begannen die Gläubigen zu lehren: »Wenn ihr den jüdischen Brauch der Beschneidung nach der Lehre des Mose nicht einhaltet, könnt ihr nicht gerettet werden.« [2] Paulus und Barnabas widersprachen dieser Auffassung nachdrücklich, und es kam zu einem heftigen Streitgespräch. Schließlich wurden Paulus und Barnabas in Begleitung einiger Männer aus Antiochia nach Jerusalem geschickt, wo sie mit den Aposteln und Ältesten über diese Frage sprechen sollten. [3] Unterwegs machten sie in Phönizien und Samaria halt, um die dort lebenden Gläubigen zu besuchen. Sie erzählten ihnen – zur großen Freude aller –, dass sich nun auch die Nichtjuden bekehrten. [4] Als sie in Jerusalem ankamen, wurden Paulus und Barnabas von der ganzen Gemeinde sowie von den Aposteln und den Ältesten willkommen geheißen. Sie berichteten, was Gott in der Zwischenzeit durch sie bewirkt hatte. [5] Doch dann erhoben sich einige der Männer, die vor ihrer Bekehrung Pharisäer gewesen waren, und erklärten, die Nichtjuden müssten beschnitten werden und sich an das mosaische Gesetz halten. [6] Daraufhin setzten sich die Apostel und Gemeindeältesten zusammen, um über diese Frage zu entscheiden. [7] Nach langen Beratungen erhob sich schließlich Petrus und wandte sich an die Versammlung: »Brüder, ihr alle wisst, dass Gott mich vor einiger Zeit erwählt hat, auch den anderen Völkern die gute Botschaft zu verkünden, damit sie gläubig werden. [8] Gott, der die Herzen der Menschen kennt, hat bewiesen, dass er auch sie annimmt, indem er ihnen genauso wie uns den Heiligen Geist schenkte. [9] Er machte keinen Unterschied zwischen uns und ihnen, denn er reinigte auch ihre Herzen durch den Glauben. [10] Warum zweifelt ihr nun an Gottes Weg, indem ihr ihnen eine Last aufbürdet, die weder wir noch unsere Vorfahren

tragen konnten? [11] Wir glauben, dass wir alle auf demselben Weg wie jene gerettet werden, nämlich durch die Gnade des Herrn Jesus.« [12] Danach verstummten alle. Sie hörten aufmerksam zu, wie Barnabas und Paulus von den Zeichen und Wundern berichteten, die Gott durch sie unter den Nichtjuden gewirkt hatte.

David
und Batseba

oder: Wer Wasser predigt und Wein trinkt

Was für eine Karriere. Wäre damals schon die Zeitung mit den großen Buchstaben erschienen – es hätte eine klasse Schlagzeile gegeben: »Hirtenjunge erschlägt Riesen – bald Krönung zum König«. Besser geht es eigentlich nicht.

Eigentlich. Denn dieser Hirtenjunge David ist zugleich das Musterbeispiel für das Stolpern über die eigene Größe. Für jemanden, der meint, über allen Gesetzen und Regeln zu stehen. Und der nicht versteht, dass nicht die *eine* Sünde das Problem ist – sondern die vielen, die sich daraus notwendigerweise ergeben. Und genau so läuft die Geschichte von David, nachdem er Batseba begegnet: Der König schwängert die junge Frau. Er versucht, das zu vertuschen. Und weil das nicht gelingt, schickt er schließlich Batsebas Gatten Uriah, einen Hauptmann, in einen aussichtslosen Kampf.

Nun gehören Mord und Totschlag nicht mehr zu den Instrumenten von heute. Von den übrigen Methoden Davids lässt sich das allerdings nicht so kategorisch behaupten. Denn wo David seinen Hauptmann zum Gelage bittet, werden heute Abhängigkeiten durch Annehmlichkeiten von Abendessen bis Lustreisen geschaffen. Wo David Fronturlaub gewährt, da wird sich heute der Gefälligkeit

> »Lieber mit der Wahrheit fallen als mit der Lüge siegen.«
>
> Augustinus

des Betriebsrates durch Incentives unterschiedlichster Art versichert. Und wo David schließlich Dritte um Hilfe bittet, da wird heute in der Belletage des Managements wissend gelächelt über das Bonmot, dass derjenige, der in Osteuropa

> »Wer in den kleinsten Dingen zuverlässig ist, der ist es auch in den großen, und wer bei den kleinsten Dingen Unrecht tut, der tut es auch bei den großen.«
>
> Lk 16,10

oder Asien ein Geschäft machen wolle, durchaus mal ein Auto oder einen exklusiven Urlaub beischießen müsse.

Doch solchermaßen gut geübte Praxis ist nicht zwingend gute Praxis. Schon gar nicht, wenn sich die Hausspitze damit über selbst gesetzte Gesetze und Gebote hinwegsetzt. Denn das, was neudeutsch »Compliance« genannt wird, ist beileibe kein Luxus für Moral-Fetischisten. Regeln, die Unternehmenskultur, ja, eine Unternehmensethik haben elementare Bedeutung. Nicht nur, weil sie das Image entscheidend mitbestimmen und damit längst zu einem harten Wettbewerbsfaktor geworden sind. Sondern weil es keiner großen Menschenkenntnis bedarf, um zu erkennen: Keine Crew akzeptiert rationiertes Essen, wenn der Kapitän schlemmt! Kein Soldat lässt sich auf eine schwierige Mission schicken, wenn der König der daheimgebliebenen Frau nachstellt. Und kein Mitarbeiter bringt sich in ein

> »Und es gehen die Menschen zu bestaunen die Gipfel der Berge und die ungeheuren Fluten des Meeres und die weit dahinfließenden Ströme und den Saum des Ozeans und die Kreisbahnen der Gestirne und haben nicht acht ihrer selbst.«
>
> Augustinus

Unternehmen ein, in dem sich die Leitung bereichert und selbst gesetzten Maßstäben nicht genügt.

»Helden«, so soll Mark Twain einmal gesagt haben, »sind Männer, die etwas tun, was wir zu unserem Bedauern und manchmal zu unserer Scham nicht fertigbringen.« Zu ergänzen ist: Und manchmal werden Menschen deshalb keine Helden, weil sie etwas getan haben, was sie aus Scham nicht hätten tun dürfen. Wer aber erst gar nicht zum Helden werden will, der mag sich damit trösten, dass es sich am Ende leichter leben lässt mit dem Gefühl eines nicht erfüllten Wunsches als mit dem der Reue.

2 Samuel 11–12

David und Batseba

[1] Im nächsten Frühjahr, zu der Zeit, in der die Könige in den Krieg ziehen, schickte David Joab mit seinen Männern und dem ganzen Heer Israels in den Kampf gegen die Ammoniter. Sie verwüsteten das Land und belagerten die Stadt Rabba. David blieb jedoch in Jerusalem zurück. [2] An einem Spätnachmittag erhob sich David von der Mittagsruhe und ging auf dem Dach des Palastes umher. Da fiel sein Blick vom Dach aus auf eine außergewöhnlich schöne Frau, die gerade ein Bad nahm. [3] Er schickte einen Diener los, der herausfinden sollte, wer die Frau war. Man sagte ihm: »Es ist Batseba, die Tochter von Eliam und Frau des Hetiters Uria.« [4] Da ließ David sie holen; und als sie in den Palast kam, schlief er mit ihr. – Sie hatte gerade die Reinigungshandlungen nach ihrer monatlichen Blutung beendet. – Danach kehrte sie nach Hause zurück. [5] Als Batseba merkte, dass sie schwanger war, ließ sie es David mitteilen. [6] Da ließ David Joab den Befehl überbringen: »Schick mir den Hetiter Uria.« Und Joab schickte ihn zu David. [7] Als Uria eintraf, fragte David ihn, ob es Joab und dem Heer gut gehe und ob der Krieg erfolgreich verliefe. [8] Dann sagte er zu Uria: »Geh nach Hause und ruh dich aus.« Er ließ ihm sogar ein Geschenk bringen, nachdem Uria den Palast verlassen hatte. [9] Aber Uria ging nicht nach Hause. Er verbrachte die Nacht am Eingang des Palastes mit den anderen Dienern des Königs. [10] Als David davon hörte, fragte er Uria: »Warum bist du nicht nach Hause gegangen, nachdem du so lange fort warst?« [11] Uria antwortete: »Die Lade und die Krieger Israels und Judas leben in Zelten und Joab und seine Männer übernachten auf offenem Feld. Wie könnte ich da nach Hause gehen und essen und trinken und mit meiner Frau schlafen? Ich schwöre bei deinem Leben, das werde ich nicht tun.«

¹² David befahl ihm: »Bleib heute noch hier. Morgen lasse ich dich dann zum Heer zurückkehren.« Also blieb Uria diesen und den nächsten Tag in Jerusalem. ¹³ David lud ihn zum Essen ein und machte ihn betrunken. Doch am Abend ging Uria nicht nach Hause, sondern schlief wieder bei den anderen Dienern des Königs am Eingang des Palastes.

David arrangiert Urias Tod

¹⁴ Am nächsten Morgen schrieb David einen Brief an Joab, den er Uria mitgab. ¹⁵ Der Brief enthielt folgende Anweisung: »Schick Uria in die vordersten Reihen, wo der Kampf am heftigsten ist. Dann zieht euch von ihm zurück, sodass er getötet wird.« ¹⁶ Joab wusste, wo die stärksten Krieger des Feindes kämpften und so setzte er Uria genau an dieser Stelle ein. ¹⁷ Als dann die belagerten Ammoniter Joab angriffen, wurde der Hetiter Uria zusammen mit mehreren anderen von Davids Kriegern getötet. ¹⁸ Daraufhin schickte Joab David eine Mitteilung über den Verlauf der Schlacht. ¹⁹ Er trug dem Boten auf: »Wenn du dem König den Verlauf der Schlacht berichtet hast ²⁰ und er dann zornig wird und fragt: ›Warum sind die Truppen so dicht an die Stadt herangerückt? Wussten sie denn nicht, dass sie von der Stadtmauer aus beschossen werden? ²¹ Wurde nicht Abimelech, der Sohn Jerubbaals in Tebez von einer Frau getötet, die einen Mühlstein von der Mauer auf ihn herabwarf? Warum also seid ihr so nah an die Mauer herangerückt?‹ – dann sage ihm einfach: ›Auch dein Diener, der Hetiter Uria, wurde getötet.‹« ²² Der Bote ging nach Jerusalem und berichtete David alles, was Joab ihm aufgetragen hatte. ²³ »Die Feinde waren uns überlegen. Sie rückten aus und griffen uns auf offenem Feld an«, sagte er. »Und als wir sie bis an die Stadttore zurückdrängten, ²⁴ schossen die Bogenschützen von der Mauer mit Pfeilen auf uns. Einige deiner Männer wurden

getötet, darunter auch der Hetiter Uria.« ²⁵ Da sagte David: »Richte Joab aus: ›Lass dich nicht entmutigen! Das Schwert tötet mal den einen, mal den anderen. Kämpfe entschlossen weiter gegen die Stadt und zerstöre sie!‹ So sollst du ihm Mut machen.« ²⁶ Als Urias Frau hörte, dass ihr Mann tot war, trauerte sie um ihn. ²⁷ Nachdem die Trauerzeit vorüber war, schickte David nach ihr und ließ sie in den Palast bringen. Sie wurde seine Frau und gebar ihm einen Sohn. Aber dem Herrn missfiel, was David getan hatte.

Jesus

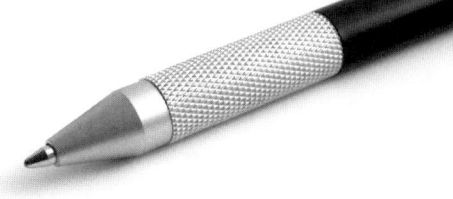

oder: Eure Rede sei »Ja! Ja!«

Unschöne Situation: Schon wieder ist er ihm über den Weg gelaufen. Wollte noch einmal nachfragen wegen der Beförderung. Weil die letzte schon so lange zurückliegt. Weil doch die Frau jetzt arbeitslos geworden ist. Und weil die Tochter im Herbst ihr Studium beginnt. Dreimal konnte er dem Gespräch ausweichen. Kurzfristige wichtige Termine, Arbeit an einem bedeutenden Projekt – er ist findig, wenn es darum geht, unangenehmen Situationen auszuweichen. Aber diesmal gab es kein Entkommen. Nur: Wie sagt man einem Mitarbeiter, dass er bestenfalls durchschnittliche Leistungen bringt und es deshalb nichts wird mit der Gehaltserhöhung. Dieses Jahr nicht und nächstes Jahr wohl auch nicht.

Eine unschöne Situation. Und keine, die besonders selten ist. Das Leben ist voll von ihnen: Zwei Mitarbeiter, die sich gegenseitig beschuldigen und um Klärung bitten. Eine Abmahnung für den Kollegen mit dem Alkoholproblem. Die junge Mutter, die gerne halbtags arbeiten möchte – was auf ihrer jetzigen Stelle aber unmöglich ist. Die Liste ließe sich beliebig fortsetzen. Und wer ist schon so abgebrüht, dass ihn all diese Situationen kalt lassen?

Jesus ist da kompromisslos. Er fordert nicht nur die unmittelbare Konfrontation. Er will auch Klarheit: »Sagt einfach ›Ja‹ oder ›Nein‹. Jedes Wort darüber hinaus ist vom Bösen.« Oder wie es in einer anderen Übersetzung heißt: »Euer Ja sei ein Ja, euer Nein ein Nein.«

> »Ihr seid die Zeit.
> Seid ihr gut, sind auch
> die Zeiten gut.«
>
> Augustinus

Das ist nicht der Freispruch für den Mangel an Diplomatie und Fingerspitzengefühl. Das ist nicht die Absolution für das verletzende Wort. Für Rücksichtslosigkeit und Gleichgültigkeit.

Sehr wohl aber hat Jesus im Blick, dass die Frage nach dem »Wie« nicht durch das Verneinen der Frage nach dem »Ob« beantwortet wird. Es ist der Aufruf, nicht zu zögern und zu zaudern, sondern zu handeln. Und es ist ein Plädoyer gegen falsch verstandene Rücksichtnahme und für Klarheit. Die kann schmerzen, ist im ersten Moment auch unangenehm. Aber Klarheit ist weniger schlimm als die schleichende Enttäuschung. Vor allem aber: Klarheit ist die Voraussetzung für Geradlinigkeit. Geradlinigkeit ist die Voraussetzung für Verlässlichkeit. Und Verlässlichkeit ist die Voraussetzung für Glaubwürdigkeit. Ohne Glaubwürdigkeit aber ist vertrauensvolle Zusammenarbeit nicht möglich.

> »Eins ist, was nützt: die Klarheit.
> Eins ist, was besteht: das Recht.
> Eins ist, was besänftigt: die Liebe.«
>
> Ludwig Börne

Matthäus 5, 33–36

[33] Ihr habt auch gehört, dass es im Gesetz von Mose heißt: ›Du sollst einen Schwur nicht brechen; du sollst die Versprechen, die du vor dem Herrn abgelegt hast, halten.‹ [34] Ich aber sage: Schwört überhaupt nicht! Wenn ihr sagt: ›Beim Himmel!‹, dann ist das ein heiliger Schwur, denn der Himmel ist Gottes Thron. [35] Und wenn ihr sagt: ›Bei der Erde!‹, dann ist auch das ein heiliger Schwur, denn die Erde ist seine Fußbank. Und schwört auch nicht: ›Bei Jerusalem!‹, denn Jerusalem ist die Stadt des großen Königs. [36] Schwört nicht einmal: ›Bei meinem Kopf!‹, denn ihr könnt kein einziges Haar auf eurem Kopf weiß oder schwarz machen. [37] Sagt einfach ›Ja‹ oder ›Nein‹. Jedes Wort darüber hinaus ist vom Bösen.

Mose und sein Schwiegervater

oder: Vom Umgang mit Kritik

In beinahe allen Handbüchern für Manager steht der altbekannte Rat: »Delegieren Sie, wo immer es möglich ist!« Für Manager gilt also nicht das Motto: »Selbst ist der Mann!«, sondern der Satz: »Mann ist, wer andere selbst beauftragt!« Eine Führungskraft braucht hierzu keine weiteren Hinweise. Wer sich nicht an die Delegier-Regel hält, für den hat schon der Schwiegervater des alten Mose den richtigen Satz gesprochen: »Du machst dich müde – und dazu die Menschen, für die du Verantwortung trägst.«

Relevant wird die Erzählung von Mose und seinem Schwiegervater aber noch aus einem ganz anderen Grund: Der Erfolg des Mose hat damit zu tun, wie er mit Kritik umgeht: Er lässt sie erstens zu – und setzt sie zweitens um. Ein kapitaler Fehler vieler Verantwortungsträger liegt darin, dass sie von Jahr zu Jahr tauber und blinder werden für die kritischen Hinweise anderer. Ihr ganzes Berufsprofil, ihr kompletter Tagesablauf ist ja so organisiert, dass sie – platt ausgedrückt – Aktentasche und Schuhe hinterhergetragen bekommen. Und die Kofferträger machen ihre Arbeit so geschickt, dass es dem Chef gefällt. Schließlich wollen sie sich ja Meriten verdienen und weiterkommen. Obersherpa werden.

> »Nicht jeder, der uns schont, ist ein Freund, nicht jeder, der uns tadelt, ein Feind.«
>
> Augustinus

Psychologisch gesehen treffen sie dabei auf einen Chef, der auf die ihm entgegengebrachte Harmonie positiv reagiert. Er freut sich, wenn er mal nicht im Ring stehen und punkten muss. Es stimmt ihn positiv, wenn er von seinen Mitarbeitern hört, seine

> »Wer sich tief weiß, bemüht sich um Klarheit; wer der Menge tief scheinen möchte, bemüht sich um Dunkelheit.«
>
> Friedrich Nietzsche

Rede sei hervorragend gewesen oder er sei in der Talkshow gut rübergekommen. Wer ständig fremdbewertet wird, neigt leicht dazu, sich in seinem engsten Arbeitsumfeld kritische Äußerungen und Hinweise zu verbitten. Häufig unausgesprochen.

Ein Selbsttest belegt das. Beantworten Sie einmal für sich folgende zwei Fragen: Wer von Ihren Mitarbeitern hat Ihnen in der letzten Zeit Kritisches gesagt, an dem Sie zu knacken hatten oder haben? Und: Wie reagieren Sie, wenn ein Mitarbeiter Kritik übt?

> »Wenn man eine Sache mit Klarheit zu behandeln weiß, ist man auch zu vielen anderen Dingen tauglich.«
>
> Johann Wolfgang v. Goethe

Gewiss: Kritik kann verletzend sein. Aber es gibt auch eine Kritik aus Sympathie. Eine, die Ihnen und dem Unternehmen hilft, für das Sie die Verantwortung tragen. Und da ist die Geschichte von Mose und seinem Schwiegervater eine Hilfe. Mose bewertet das Sachargument seines Schwiegervaters. Das macht seine Größe in dieser Erzählung aus. Er nimmt die Kritik als konstruktive Kritik, als Hilfe eines erfahrenen Menschen.

Ich kenne Menschen, die würden das Richtige unterlassen, nur weil es ihre Schwiegermutter empfohlen hat. Das ist pubertär und schädlich! In unternehmerischen Fragen zumal. Reife ist, das Richtige zu tun, selbst wenn es die Schwiegereltern oder die Konkurrenten vorgeschlagen haben! Sein Unternehmen führt, wer die Worte seines Fahrers oder Pförtners genauso abwägt wie die seiner Vorstandskollegen. Das ist leichter gesagt als getan. Und klar ist auch: Man kann und darf nicht versuchen, es allen recht zu machen. Wer »everybody's darling« sein will, ist ganz schnell »everybody's Depp«. Aber: Standesdünkel und Arroganz zahlen sich nicht aus. Im Gegenteil: Sie führen bisweilen zu verheerenden Fehlern.

Mose hat den Rat seines Schwiegervaters befolgt. Gewiss hat er geprüft, aus welcher Motivation heraus sein Schwiegervater argumentiert. Doch dann hat er den Verbesserungsvorschlag sofort umgesetzt. Sein Weg zeigt, es hat ihm genützt, nicht geschadet – und den Menschen, für die er Verantwortung trug, auch.

2 Mose 18, 13–26

Jitros weiser Rat

[13] Am nächsten Tag setzte sich Mose, um dem Volk Recht zu sprechen. Die Israeliten standen den ganzen Tag, von morgens bis abends, bei ihm. [14] Als Moses Schwiegervater sah, wie viel Mose für das Volk zu tun hatte, sagte er: »Warum tust du so viel für das Volk? Die Leute standen den ganzen Tag hier, damit du ihre Streitfälle klärst. Warum musst du das allein tun?« [15] Mose antwortete: »Sie kommen zu mir, um Gott zu befragen. [16] Wenn sie einen Streitfall haben, kommen sie zu mir, damit ich zwischen ihnen schlichte und ihnen Gottes Anweisungen und Vorschriften mitteile.« [17] »Das, was du da tust, ist nicht gut«, wandte sein Schwiegervater ein. [18] »Du reibst dich sonst noch auf- und auch für das Volk ist das zu anstrengend. Diese Aufgabe ist zu schwer, als dass du sie allein bewältigen könntest. [19] Nimm einen Rat von mir an – und Gott soll mit dir sein: Sei du weiterhin der Stellvertreter des Volkes Gott gegenüber und bring ihre Angelegenheiten vor ihn. [20] Teile ihnen auch Gottes Anweisungen und Vorschriften mit und lehre sie, was sie tun und wie sie ihr Leben führen sollen. [21] Aber wähle ein paar fähige, gottesfürchtige und zuverlässige Männer aus, die unbestechlich sind. Ernenne diese dann zu Richtern über das Volk und übertrage ihnen die Verantwortung für jeweils 1.000, 100, 50 und zehn Leute. [22] Diese Männer sollen dem Volk Recht sprechen und die einfachen Streitfälle schlichten. Mit allen wichtigen und schwierigen Rechtsfragen sollen sie jedoch zu dir kommen. Verschaffe dir doch Erleichterung, dadurch dass sie dir ein Stück deiner Last abnehmen. [23] Wenn du diesen Rat befolgst und er Gottes Willen entspricht, wird dir die Aufgabe nicht über den Kopf wachsen und alle diese Menschen werden befriedigt nach Hause gehen.« [24] Mose beherzigte den Rat seines

Schwiegervaters: [25] Er wählte fähige Männer unter allen Israeliten aus und ernannte sie zu Richtern über das Volk. Sie wurden über Gruppen von 1.000, 100, 50 und zehn eingesetzt. [26] Diese Männer konnten dem Volk nun jederzeit Recht sprechen. Mit den schwierigen Streitfällen kamen sie zu Mose, die einfachen schlichteten sie selbst.

David
und Goliat

oder: Zur rechten Zeit das Rechte tun

Wie müsste wohl die Geschichte aussehen, mit der man einem der für unser Land so typischen kleinen mittelständischen Unternehmer Mut machen kann? Und zwar nicht nur für die letzten Dinge, sondern auch und gerade mit Blick auf die vorletzten. Eine solche Geschichte wäre auf jeden Fall die, in der der Hirtenjunge David, nur mit einer Steinschleuder bewaffnet, den Riesen Goliath besiegt. Einen Kämpfer – »von Jugend an«, wie es heißt. Einen gestandenen Mann. Einen kampferprobten Recken. Kurz: Goliath verstand sein Handwerk. Und zwar richtig!

Doch im Kampf gegen David erwies sich die jahrelange Ausbildung und Erfahrung offenbar als entscheidende Schwäche. Denn der Junge mit der Schleuder hielt sich nicht an die damals üblichen Spielregeln. Er sprengte das bekannte Reglement, die Gesetze des Krieges und der Krieger. David griff zu einer Waffe, die ihm im Nahkampf zum Verhängnis geworden wäre. Aus der Entfernung aber war die Steinschleuder gefährlicher als jedes Schwert.

Die Geschichte von David ist deshalb zunächst einmal eine Geschichte über den Wert unterschiedlicher Erfahrungen und Fähigkeiten. Das Vertraute oder das Bewährte ist nicht immer

> »Nicht, woher der Wind weht, ist entscheidend, sondern wie man die Segel setzt.«
>
> Sprichwort

zwingend das Beste. Und über den Tellerrand hinauszublicken ist deshalb mehr als eine Binsenweisheit für Spießbürger und Landeier. Diese Erkenntnis ist auch an die Vorstandsetagen adressiert.

Damit wird nicht das Hohelied auf die unbedingte Überlegenheit der Hirtenjungen und Straßenköter angestimmt. Aber die Geschichte von David ist eben nicht zuletzt eine Geschichte für die, die das Neue wagen. Die Systemgrenzen sprengen und die Überlegenheit in der Nische ausspielen wollen: flexibler, schneller, vielfach gewitzter. Oft sind es eben nicht die großen Hebel, mit denen die Welt aus den Angeln gehoben wird. Deshalb sind es nur zu oft die Kleinen, die die Großen alt aussehen lassen.

David kann es sich leisten, bestimmte Regeln einfach außer Kraft zu setzen, sie zu ignorieren. Er hat Erfolg mit ganz neuen Ideen – Ideen, die gut sind, weil sie anders sind. Der Unternehmensberater Peter Modler scheint genau das in seinem Gebet-Buch »Für Wanderer und Krieger« sagen zu wollen: *»Du kennst mich, Herr, und du weißt, wie gern ich alles im Griff habe. Überraschungen sind mir nicht so recht. Wenn möglich, mache ich mir meine Pläne und arbeite sie dann ab. Das gibt mir ein Gefühl der Sicherheit. Aber jeden Tag bricht wieder das Chaos in meine geregelte Welt ein. Die Menschen um mich herum sind zu lebendig für mein Kontrollbedürfnis. Lass mich verstehen, dass meine Planerei nur ein Geländer ist, eine kleine Stütze, die ich nicht zu ernst nehmen darf. Und gib mir den Mut, zum richtigen Zeitpunkt alle Kontrolle zu verlieren.«*

> »Nicht Genies, nicht Zyniker, nicht Menschenverächter, nicht raffinierte Taktiker, sondern schlichte, einfache, gerade Menschen werden wir brauchen.«
>
> Dietrich Bonhoeffer

Denn wer zur rechten Zeit das Rechte tut, der kann

ein »hidden champion« werden. Und vielleicht sogar mehr. Der Sieg über Goliath sollte für David letztlich ja nur der erste sichtbare und wichtige Schritt auf dem Weg zur Krone sein.

David tötet Goliat

³² »Mach dir keine Sorgen mehr«, sagte David zu Saul. »Ich werde mit diesem Philister kämpfen!« ³³ Aber Saul entgegnete: »Es ist völlig ausgeschlossen, dass du gegen diesen Philister kämpfst. Du bist doch noch ein Junge und er ist schon von Jugend auf ein Krieger!« ³⁴ Aber David gab nicht nach. »Ich hüte die Schafe meines Vaters«, sagte er. »Wenn ein Löwe oder ein Bär kommt, um ein Lamm aus der Herde zu rauben, ³⁵ dann verfolge ich ihn, schlage auf ihn ein und reiße ihm das Lamm aus dem Maul. Wenn das Raubtier mich dann angreift, packe ich es an der Mähne und schlage es tot. ³⁶ Das habe ich schon mit Löwen und Bären gemacht, und so wird es auch diesem unbeschnittenen Philister ergehen, denn er hat das Heer des lebendigen Gottes verhöhnt! ³⁷ Der Herr, der mich aus den Klauen des Löwen und des Bären gerettet hat, wird mich auch vor diesem Philister retten!« Schließlich war Saul einverstanden. »Gut, so geh«, sagte er. »Der Herr ist mit dir!« ³⁸ Er gab David seine eigene Rüstung – er setzte ihm einen bronzenen Helm auf und zog ihm einen Brustpanzer an. ³⁹ David schnallte sich Sauls Schwert um und versuchte damit zu gehen, denn er hatte so etwas noch nie zuvor getragen. »Ich kann darin nicht gehen«, protestierte er, »ich bin nicht daran gewöhnt.« Und er legte die Rüstung wieder ab. ⁴⁰ Dann holte er fünf glatte Kiesel aus einem Bach und legte sie in seine Hirtentasche. Und so näherte er sich, bewaffnet nur mit seinem Hirtenstab und seiner Schleuder, dem Philister. ⁴¹ Der Philister trat David entgegen; sein Schildträger ging ihm voran. ⁴² Er schnaubte verächtlich über diesen sonnengebräunten gut aussehenden Jungen. ⁴³ »Bin ich ein Hund«, rief er David zu, »dass du mit einem Stock auf mich zukommst?« Und er verfluchte David im Namen seiner Götter.

⁴⁴ »Komm herüber, ich werde dein Fleisch den Vögeln und wilden Tieren vorwerfen!«, rief er David zu. ⁴⁵ David rief zurück: »Du trittst mir mit Schwert, Speer und Wurfspieß entgegen, ich aber komme im Namen des Herrn, des Allmächtigen – des Gottes des israelitischen Heeres, das du verhöhnt hast. ⁴⁶ Heute wird der Herr dich besiegen und ich werde dich töten und dir den Kopf abhauen. Und dann werde ich die Leichen deiner Männer den Vögeln und wilden Tieren vorwerfen, und die ganze Welt wird wissen, dass es einen Gott in Israel gibt! ⁴⁷ Und jeder wird wissen, dass der Herr keine Waffen braucht, um sein Volk zu retten. Es ist sein Kampf. Der Herr wird euch in unsere Hände geben!« ⁴⁸ Als der Philister sich auf ihn zubewegte, um ihn anzugreifen, lief David ihm rasch entgegen. ⁴⁹ Er griff in seine Hirtentasche, holte einen Kiesel heraus, schleuderte ihn und traf den Philister an der Stirn. Der Stein bohrte sich in seine Stirn und er fiel mit dem Gesicht voran auf den Boden. ⁵⁰⁻⁵¹ So triumphierte David nur mit Stein und Schleuder über den Philister, besiegte und tötete ihn.

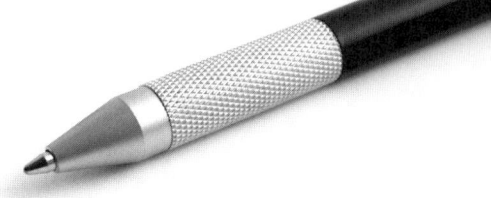

Saul

oder: Schwäche zeigen!

Unternehmer sind Starter. Häufig ungeduldig. Und sie sind umtriebig und stets auf der Suche nach Neuem, nach Veränderung oder Verbesserung des Bestehenden. Meist kennt dabei der Arbeitstag keinen Feierabend, die Woche kein Wochenende und selbst das Jahr kaum einen Urlaubstag, an dem nicht doch noch eine wichtige Entscheidung – und sei es »nur« am Telefon – getroffen werden muss.

Der Körper produziert ein Hormon, das diese Belastungen erträglich macht. Nennen wir es das »Ich werde gebraucht«-Hormon. Es mobilisiert Kräfte – auch über eine längere Zeitdauer hinweg –, die allen Anforderungen und aller Beanspruchung trotzen. Subjektiv wird solche Art Stress nicht als etwas Negatives wahrgenommen, sondern als etwas Positives: als Unentbehrlichkeit.

Trotzdem kostet ein Leben in ständiger Leistungsbereitschaft enorme Kraft. Auch das »Ich werde gebraucht«-Hormon kann das auf Dauer nicht ausgleichen. Die Geschichte von König Saul, dem Vorgänger König Davids, der nachts heimlich eine Wahrsagerin aufsucht, zeigt, wie wichtig es ist, sich eine Grenze einzugestehen, anstatt sie wegzaubern zu wollen.

> »Ein Stück des Weges liegt hinter dir, ein anderes Stück hast du noch vor dir. Wenn du verweilst, dann nur, um dich zu stärken, aber nicht, um aufzugeben.«
>
> Augustinus

Durch einen Krieg mit den Philistern, aber auch durch die Angst vor dem jungen, aufstrebenden David, der ihm zunehmend zum Konkurrenten wird, kommt Saul nicht mehr zur Ruhe. Und in seiner Rastlosigkeit macht er Fehler. Große Fehler. Solche, die am Ende ihn und sogar seine Familie das Leben kosten.

> »Von guten Mächten
> treu und still umgeben,
> behütet und getröstet
> wunderbar, so will ich
> diese Tage mit euch leben
> und mit euch gehen
> in ein neues Jahr.«
>
> Dietrich Bonhoeffer

Saul hat alles gegeben, aber seinen Lebensmittelpunkt verloren. Für viele Menschen war er eine verlässliche, Vertrauen gebende Größe. Eine Institution. Aber er selbst hat keinen Ankerpunkt mehr. Er hat sich verlaufen auf Wegen, die er selbst gebahnt hat. Ein tückisches Spiel. Wahrsagerei hat er in seinem Reich verboten, aber er geht heimlich zu einer Seherin. Und ihr Horoskop wird ihm zum Horrorskop.

Systeme sind unbarmherzig. Einerlei, ob wirtschaftliche, politische oder religiöse – Schwäche kennen sie nicht. Sie erlauben sie nicht. Vor allem die -ismen nicht: Sozialismen nicht und Kapitalismen auch nicht. Aber der handelnde Mensch ist schwach. Er wird müde, erschöpft, manchmal sogar verzweifelt. Saul hat alles das zu lange verdrängt. Er hat geglaubt, wenn er die Geister ruft, käme er zu neuer Kraft.

> »Etwas Festes muss
> der Mensch haben,
> daran er zu Anker liege,
> etwas, das nicht von
> ihm abhange,
> sondern davon er
> abhängt.«
>
> Matthias Claudius

Auch heute haben Geister Konjunktur. Und sie kommen nicht nur als »Kellergeister« hochprozentig aus der Flasche. Unsere

Geister heute haben viele Gesichter. Aber alle führen sie in Abhängigkeit und Unfreiheit. Das Beispiel Saul kann helfen, es so weit nicht kommen zu lassen, sondern seinem Leben einen Halt zu geben, der nicht in Wahrsagerei, Horoskopen, Alkohol, Tabletten oder Ähnlichem gründet. Einen Halt, der auch Platz für Schwächen hat, die zu jedem Leben dazugehören. Auch zu dem einer Führungskraft.

1 Samuel 28

Saul befragt eine Totenbeschwörerin

[1] Etwa um diese Zeit rüsteten die Philister zu einem neuen Krieg gegen Israel. König Achisch sagte zu David: »Ich erwarte, dass du und deine Männer mit mir in die Schlacht ziehen.« [2] »Gut«, stimmte David zu, »jetzt wirst du selbst sehen, wozu ich fähig bin.« Dann sagte Achisch zu David: »Ich mache dich auf Lebenszeit zu meinem Leibwächter.« [3] Samuel war inzwischen gestorben, und ganz Israel hatte um ihn getrauert. Er war in seiner Heimatstadt Rama begraben worden. Saul hatte alle Totenbeschwörer und Wahrsager aus dem Land Israel verbannt. [4] Die Philister schlugen ihr Lager bei Schunem auf, Saul und das ganze Heer Israels lagerten auf dem Gebirge Gilboa. [5] Als Saul das Heer der Philister sah, erschrak er sehr. [6] Er fragte den Herrn, was er tun solle. Aber der Herr antwortete ihm nicht, weder durch Träume noch durch das Los noch durch die Propheten. [7] Da sagte Saul zu seinen Dienern: »Sucht eine Frau, die die Geister der Toten herbeirufen kann. Ich will sie fragen, was ich tun soll.« Seine Diener antworteten: »In Endor lebt eine Totenbeschwörerin.« [8] Da verkleidete Saul sich, zog andere Kleider an und machte sich in Begleitung zweier seiner Männer auf den Weg. Als sie nachts bei der Frau ankamen, sagte er zu ihr: »Ich möchte, dass du mir durch den Geist eines Toten die Zukunft voraussagst. Hol mir den aus dem Totenreich herauf, den ich dir nennen werde.« [9] »Willst du, dass ich getötet werde?«, fragte die Frau. »Du weißt doch, dass Saul alle Totenbeschwörer und Wahrsager aus dem Land vertrieben hat. Warum stellst du mir eine Falle?« [10] Aber Saul schwor einen Eid im Namen des Herrn und versprach: »So wahr der Herr lebt, dir wird nichts geschehen, wenn du das tust.« [11] Schließlich meinte die Frau: »Gut, wessen Geist soll ich für dich rufen?« »Rufe Samuel«, antwortete

Saul. ¹² Als die Frau Samuel sah, schrie sie: »Warum hast du mich getäuscht? Du bist ja Saul!« ¹³ »Hab keine Angst!«, sagte der König zu ihr. »Was siehst du?« »Ich sehe einen Geist aus der Erde heraufsteigen«, sagte sie. ¹⁴ »Wie sieht er aus?«, fragte Saul. »Es ist ein alter Mann. Er ist in einen Mantel gehüllt«, antwortete sie. Saul erkannte, dass es Samuel war, und warf sich vor ihm zu Boden. ¹⁵ »Warum hast du mich gestört und mich zurückrufen lassen?«, fragte Samuel. »Weil ich in großer Not bin«, antwortete Saul. »Die Philister führen Krieg gegen mich, und Gott hat mich verlassen und antwortet mir weder durch die Propheten noch durch Träume. Deshalb habe ich dich rufen lassen, damit du mir sagst, was ich tun soll.« ¹⁶ Aber Samuel antwortete: »Warum fragst du mich, wenn der Herr dich verlassen hat und dein Feind geworden ist? ¹⁷ Der Herr hat getan, was er durch mich vorausgesagt hat. Er hat dir das Königtum genommen und es einem anderen, nämlich David, gegeben. ¹⁸ Du hast der Stimme des Herrn nicht gehorcht, als er dich anwies, seinen Zorn an den Amalekitern zu vollstrecken, deshalb handelt der Herr jetzt so. ¹⁹ Der Herr wird dich und Israel den Philistern ausliefern, und morgen schon werden du und deine Söhne hier bei mir sein. Der Herr wird zulassen, dass das ganze Heer Israels von den Philistern besiegt wird.« ²⁰ Saul fiel der Länge nach zu Boden, gelähmt vor Entsetzen über Samuels Worte. Er war sowieso geschwächt, denn er hatte den ganzen Tag und die ganze Nacht nichts gegessen. ²¹ Als die Frau sah, wie erschüttert er war, sagte sie: »Herr, ich habe deinem Befehl gehorcht und dabei mein Leben aufs Spiel gesetzt. ²² Jetzt tu, was ich sage, und nimm etwas zu essen von mir an, damit du kräftig genug für den Rückweg bist.« ²³ Aber Saul weigerte sich: »Ich will nichts essen.« Doch die Männer, die ihn begleiteten, und die Frau bedrängten ihn so lange, bis er schließlich nachgab. Er stand auf und setzte sich auf das Bett. ²⁴ Die Frau hatte ein Kalb gemästet. Schnell ging sie hinaus und schlachtete es. Dann knetete sie Teig und backte ungesäuertes Brot. [25] Das alles brachte sie Saul und seinen Männern. Sie aßen und machten sich noch in derselben Nacht auf den Rückweg.

Jesus
und der Teufel

oder: Wer die Münze der Freiheit prägt

Es gibt Leute, die sagen, Politik sei die Kunst, Gott so zu dienen, dass der Teufel nicht verärgert sei. Hätte Jesus sich in der Begegnung mit dem Teufel in der Wüste an diesen Spruch gehalten, dann wäre die großartige Freiheitsgeschichte, die wir mit ihm verbinden, hier schon zu Ende gewesen.

Materiell gesprochen verhandeln in der Wüste zwei Führungspersönlichkeiten über eine Grundversorgung für alle. Auf der Tagesordnung steht nicht weniger als das Versprechen einer Welt ohne Hunger. Der Teufel verspricht unermesslichen materiellen Wohlstand. Doch Jesus sagt: »Der Mensch lebt nicht vom Brot allein.« Das meint: Der Mensch lebt nicht, um zu essen. Er lebt auch nicht, um zu konsumieren. Der Mensch lebt, weil es Gott gibt.

Diese Sätze sind nicht gegen die Armen und Hungernden gerichtet. Sie stammen aus der Erfahrung der Unterdrückung und Sklaverei, der Abhängigkeit und Ausbeutung. »Sind Sie von irgendjemandem in irgend einer Weise abhängig?«, pflegt ein bekannter Generaldirektor im Einstellungsgespräch zu fragen und macht von der Antwort seine Zustimmung abhängig.

> »Ein Christenmensch beugt sich in seinem Leben vor Gott. Und nie vor einem Menschen. Aber immer für einen Menschen.«
>
> Richard Schröder

Der Teufel geht einen Schritt weiter. Er zitiert Psalmworte. Er verstellt sich. Aber nicht jeder, der ein Bibelzitat im Munde führt, ist auch ein Freund der Freiheit. Mit Bibelzitaten sind Kriege gerechtfertigt und Menschen getötet worden. »Gott mit uns!«, stand auf den Koppelschlössern der deutschen Soldaten im Ersten Weltkrieg. Und auch der Dschihad bedient sich der Schriftzitate.

Aber erst im dritten Anlauf zeigt der Teufel sein wahres Gesicht: »Ich will dir alles geben«, sagt er, »wenn du vor mir niederfällst und mich anbetest.« Das wäre das Ende. Wer Gottes Macht im Augenblick oder Angesicht menschlicher Macht aus den Augen verliert, der arbeitet dem Teufel in die Hände.

Wir wissen: Der Teufel kommt nicht als Person zu uns. Aber ist er deshalb aus unseren Büros und Konferenzsälen verbannt? Er spricht viele Sprachen und hat viele Gesichter. Er zahlt in allen Währungen. Aber die Münze der Freiheit kann er nicht prägen.

> »Nur wer sich entscheidet, existiert.«
>
> Martin Luther

Matthäus 4, 1–11

¹ Danach führte der Heilige Geist Jesus in die Wüste, weil er dort vom Teufel auf die Probe gestellt werden sollte. ² Nachdem er vierzig Tage und vierzig Nächte keine Nahrung zu sich genommen hatte, war er sehr hungrig. ³ Da trat der Teufel zu ihm und sagte: »Wenn du der Sohn Gottes bist, dann verwandle diese Steine in Brot.« ⁴ Doch Jesus erwiderte: »Nein! Die Schrift sagt: ›Der Mensch ernährt sich nicht nur von Brot, sondern auch von jedem Wort Gottes.‹« ⁵ Darauf nahm ihn der Teufel mit nach Jerusalem, auf den höchsten Punkt der Tempelmauer. ⁶ Dort sagte er: »Wenn du der Sohn Gottes bist, dann spring hinunter! Denn die Schrift sagt: ›Er befiehlt seinen Engeln, dich zu beschützen. Sie werden dich auf ihren Händen tragen, damit deine Füße niemals stolpern.‹« ⁷ Jesus antwortete: »Die Schrift sagt aber auch: ›Fordere den Herrn deinen Gott nicht heraus‹.« ⁸ Als Nächstes nahm ihn der Teufel mit auf den Gipfel eines hohen Berges und zeigte ihm alle Länder der Welt mit ihren Reichtümern. ⁹ »Das alles schenke ich dir«, sagte er, »wenn du vor mir niederkniest und mich anbetest.« ¹⁰ »Scher dich fort von hier, Satan«, sagte Jesus zu ihm. »Denn die Schrift sagt: ›Du sollst den Herrn, deinen Gott, anbeten; nur ihm allein sollst du dienen.‹« ¹¹ Da verließ ihn der Teufel, und Engel kamen und sorgten für Jesus.

Jona

oder: Falsche Bilder

Selbstverständlich könnte er anders. Er könnte den Laden dichtmachen. Die Zahlen stimmen nicht. Die Menschen sind in Sachen »gute Taten« im Soll, schreiben rote Zahlen. Das müsste eigentlich Konsequenzen haben. Zu häufig machen sie schmutzige Geschäfte. Zu oft lügen und betrügen sie. Das darf nicht folgenlos bleiben. Und wer würde ihn stoppen wollen? Stoppen können? Selbstverständlich könnte er diesem Treiben ein Ende bereiten. Gott ist allmächtig. Jona weiß das. Und doch hat der Prophet wenig Lust, den Bewohnern von Ninive die Botschaft dieses Gottes zu übermitteln. Es ist und bleibt eben eine wenig verdienstvolle Aufgabe, schlechte Nachrichten zu überbringen – erst recht, wenn sie vom Strafgericht handeln und davon, dass in 40 Tagen 120 000 Menschen vernichtet werden sollen.

Solche Aufträge hat niemand gern. Auch Jona nicht. Aber bei ihm kommt noch etwas hinzu: Nicht, dass er das Vorgehen für skrupellos hält. Was interessieren ihn die Männer und Frauen, Kinder und Greise von Ninive? Jona wehrt sich auch nicht gegen den Job, weil er anderer Meinung ist als Gott. Wäre es das gewesen, dann hätte er widersprechen können. So wie Abraham damals, bei Sodom und Gomorrha. Er hätte auf das wenige Gute, das Erfolg versprechende in Ninive verweisen können. Er hätte sagen können, dass die nahe liegende Antwort – Zerstörung der Stadt – nicht zwingend die beste sein muss. Dass das, was einmal

> »Wir müssen alles tun, was wir können, aber am Ende steht das Vertrauen auf Gott.«
>
> Ignatius von Loyola

79

> »In einer Werkstatt hat
> man nicht den Mut,
> den Handwerker zu tadeln,
> in dieser Welt aber nimmt
> sich jeder Naseweis heraus,
> an Gott Kritik zu üben.«
>
> Augustinus

richtig gewesen sein mag, nicht automatisch wieder richtig sein muss.

Aber das alles ist es nicht. Jona geht es weder um die Menschen noch um die Sache. Es geht ihm um sich selbst. Er glaubt, Gott durchschaut zu haben. Denn Jona weiß sehr genau: Gott könnte Ninive zerstören – aber er wird es nicht tun. Damit hat er sogar recht. Nur erkennt Jona nicht den wahren Grund dafür. Für Jona ist Gott einer dieser typischen Entscheider: Mal hü, mal hott.

Für Jona ist Gott ein typischer Manager. Unberechenbar, nicht verlässlich. Der kennt nur ein Ziel – selbst einen guten Schnitt zu machen. Jemand, der mit seinen Mitarbeitern spielt. Was sein Tun für andere bedeutet, das interessiert ihn nicht. Das ist einer, der zeigt anderen gerne die Grenzen ihrer Macht – und die Grenzenlosigkeit der eigenen. Was macht da schon eine Stadt mehr oder weniger? Ein Manager lässt andere im Unklaren über seine Ziele – selbst darüber, was sie von der Verwirklichung gewisser Pläne haben. Ein Manager lässt sich nicht in die Karten schauen. Das gehört dazu – denkt Jona.

Für ihn ist Gott ein typischer Manager. Obwohl er vieles macht, was so typisch gar nicht ist. Im Gegenteil. Gott hat nämlich eine ganz eigene Geschäftsgrundlage. Aber Jona kann und will das nicht sehen.

Dazu müsste er seine Vorurteile überwinden, sein Bild von Gott und dessen Tun. Und vielleicht müsste er sich dann sogar auch von seinen geheimen Wünschen verabschieden – selbst solch ein »Manager« sein zu können: zielstrebig und hart, gnadenlos und erfolgreich.

Doch was ist mit alldem, was nicht in dieses Bild von Gott passt? Stichwort »Walfisch«! »Aus der Tiefe der Unterwelt schrie ich um Hilfe, und du hörtest mein Rufen«, hatte Jona dort gebetet. Erfolgreich gebetet. Aber deshalb seine Ansicht über Gott ändern? – Nein. Stattdessen fühlt sich Jona als Werkzeug missbraucht. Denn als er seinen Auftrag endlich ausgeführt hat, da muss er genau das erleben, was er befürchtet hat: Gott hat seine Drohungen nicht wahr gemacht. Er ist ein vergebender Gott.

Gott hat Macht – aber er missbraucht sie nicht. Der ist nicht skrupellos. Der »entlässt« nicht einfach. Im Gegenteil: Gott erinnert Jona an die Verantwortung. Daran, dass Vorgaben wichtig sind, dass am Ende aber das Ergebnis zählt. Und das letztlich alles Tun auf das Heil der Menschen gerichtet sein sollte – und dass dafür deren Taten zwar gezählt, aber vor allem eben gewichtet werden müssen.

Jona beginnt alles das erst langsam zu begreifen. Und ein noch viel weiterer Weg ist es zu einer noch viel größeren Erkenntnis, einer noch tieferen Wahrheit: dass das Unangenehme nicht um seiner selbst willen getan wird – weil es getan werden muss. Das hieße, die schlechte Nachricht zu verherrlichen. Die eigentliche Botschaft Gottes an die Männer und Frauen von Ninive ist eine andere. Sie lautet nicht: Eure Stadt wird in vierzig Tagen in Trümmern liegen. Die Botschaft lautet: Ihr bekommt noch eine zweite Chance. Und sie heißt auch: Wer verantwortlich handelt, läuft nicht weg. Er stellt sich seiner Aufgabe. Wer verantwortlich handelt, greift nicht gleich zur Ultima Ratio. Wahre Verantwortung ist

> »Als die Engel Gottes nach dem Untergang der Ägypter im Schilfmeer ein Jubellied anstimmen wollten, sprach Jahwe: Meine Geschöpfe ertrinken, und ihr wollt ein Jubellied singen?«
>
> Jüd. Überlieferung

getragen von Zuneigung – zur Sache und zu den Menschen. Und wahre Verantwortung ist gegründet auf der Erkenntnis, dass nicht wir es sind, die sich ein letztes Urteil über den Menschen anmaßen dürfen.

»Alles sehen, vieles durchgehen lassen, weniges anmahnen«, hat Johannes XXIII. einmal seinen eigenen Führungsstil umrissen. Eine angemessene Haltung. Und eine demütige. Denn zum Schluss erinnert Gott seinen Propheten daran, dass alles, was geschaffen ist, dem Willen des Allmächtigen verdankt ist – und dass es deshalb Gott allein zukommt, über das Schicksal der Kreatur zu entscheiden. Dass niemand – kein Prophet, kein König, kein Auserwählter – Schicksal spielen kann. Dass Jona selbst nicht ohne Fehler ist und deshalb nicht zu eilig mit seinem Urteil sein sollte. Dass Menschen sich ändern können und immer wieder eine Chance verdienen.

Gott erinnert Jona daran, dass es eine Verantwortung vor Gott gibt – und damit eine für den nach seinem Ebenbild geschaffenen Menschen.

Gott ist ein Manager. Und was für einer.

Jona 4

Jonas Ärger über das Mitleid des Herrn

[1] (...) Jona wurde (...) sehr böse und zornig. [2] Er beklagte sich beim Herrn: »Ach Herr, habe ich das nicht schon gesagt, bevor ich von zu Hause aufbrach? Deshalb bin ich ja fortgelaufen nach Tarsis! Ich wusste, dass du ein gnädiger und barmherziger Gott bist, dass du geduldig und voller Gnade bist, weil du das Unheil bedauerst. [3] So mach nun meinem Leben ein Ende, Herr! Ich will lieber sterben, als zu leben.« [4] Der Herr antwortete ihm: »Ist es recht, dass du deshalb zornig bist?« [5] Da ging Jona an den Ostrand der Stadt und machte sich eine Laubhütte, unter die er sich setzte, um abzuwarten, wie es mit der Stadt weiterging. [6] Und Gott, der Herr, ließ einen Rizinusstrauch wachsen, der sich über Jonas Kopf ausbreitete und ihm Schatten gab. Das linderte sein Unbehagen und Jona freute sich sehr über den Busch. [7] Doch Gott ließ auch einen Wurm kommen. Am nächsten Morgen bei Tagesanbruch fraß sich der Wurm durch den Busch, sodass dieser vertrocknete. [8] Nachdem die Sonne aufgegangen war, schickte Gott einen sengenden Ostwind. Die Sonne brannte auf Jonas Kopf, bis er matt wurde und sich den Tod wünschte. »Ganz sicher ist es besser, dass ich sterbe, als dass ich lebe«, rief er. [9] Da sprach Gott zu Jona: »Ist es richtig von dir, wegen des Rizinusstrauchs so zornig zu sein?« »Ja«, antwortete Jona, »zornig bis zum Tod!« [10] Da sprach der Herr: »Dir tut es leid um den Busch, obwohl du nichts getan hast, um ihn entstehen zu lassen. Er wuchs in einer Nacht und verging über Nacht. [11] Ninive aber hat über 120.000 Einwohner, die nicht zwischen links und rechts unterscheiden können, ganz zu schweigen von den vielen Tieren. Sollte ich eine so große Stadt nicht schonen?«

Simson

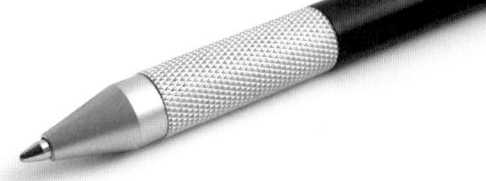

oder: Merken, wenn es zu viel ist

Am Anfang war das schon schwer – keinen an sich ranlassen. An die Sache denken – nicht an die Menschen. Doch dann kam der Rausch. Die Begeisterung. Für die eigene Härte. Für den Durchsetzungswillen. Vor allem dafür, jeden Monat die Vorgaben zu erfüllen. Ja, manchmal sogar mehr zu schaffen – wenn nur eine kleine Abteilung geschlossen werden musste, am Ende des Monats aber die doppelte Zahl an Mitarbeitern entlassen war.

Vom Vorstandsvorsitzenden gab es dafür Anerkennung. Ein Schulterklopfen. Den größeren Dienstwagen nicht zu vergessen. Endlich. Ach ja: Und das Unternehmen war auf dem Weg zur Marktführerschaft. Schließlich dann der Aufstieg in den Vorstand – verbunden mit einer Hoffnung. Dass nach 18 Monaten und 1500 Entlassungen Schluss ist. Schluss mit der Schlaflosigkeit. Schluss mit den Männern und Frauen, die nicht in ihren Büros blieben, sondern ihm bis in die Träume folgten.

Doch die Vorstandskollegen hatten damit offenbar keine Probleme. Niemand dachte ans Aufhören. Sie alle waren sicher: Sie hatten gezeigt, was sie konnten. Denn sie hatten Erfolg. Konnten auf volle Auftragsbücher zeigen. Schrieben schwarze Zahlen. Also sollten weitere Personalmaßnahmen folgen. Nicht, weil es notwendig gewesen wäre. Aber das war es vorher ei-

> »Es gibt Wichtigeres im Leben, als beständig dessen Geschwindigkeit zu erhöhen.«
>
> Mahatma Gandhi

> »Spiel nicht in deinem Haus den Löwen, vor dem sich deine Knechte fürchten müssen.«
>
> Sir 4, 30

gentlich auch nicht. Deshalb gab es jetzt auch andere Begründungen. Solche wie: »Schmeißen Sie die da raus – die hat kein Feuer mehr in den Augen.«

Eine erfundene Geschichte? Eine Heuschrecken-Saga? Horror in Nadelstreifen – entnommen einem drittklassigen, ultralinken Szene-Blatt? Nein. Die Geschichte ist wahr, erzählt in der »Wirtschaftswoche«. Und sie ist so abwegig ja auch nicht: Erfolg scheinen doch vor allem die zu haben, die hart und durchsetzungsfähig sind. Die sich nicht beeindrucken lassen von individuellen Schicksalen. Und die vor allem Konflikten nicht ausweichen. Sich ihnen stellten. Die Herausforderungen annehmen.

Und Erfolg haben offenbar auch nur die, die selbst dann keine Schwäche zeigen, wenn sie an der Spitze angekommen sind. Die auch dann noch beweisen, dass sie ihre möglichen Herausforderer erkennen, stellen und schlagen. Die Provokationen nicht zulassen. Die immer und immer wieder beweisen, dass sie – und nur sie – zu Recht an der Spitze stehen. Es wird schon seinen guten Grund gegeben haben, dass in aller Regel nur die stärksten, größten und erbarmungslosesten Krieger Häuptlinge wurden.

Simson war auch größer und kräftiger. Unbezwingbar stark – und so beseelt von der Idee, sein Volk von den Philistern zu befreien, dass er jeden Kampf kämpfte. Es gab keine Herausforderung, die er nicht annahm. Und er gewann ebenso regelmäßig. Allerdings: Gerade weil er so stark war, zog er immer wieder neue Neider und Provokateure an. Je mehr er sich bewies, desto mehr kamen. Er rächte einen ersten Betrug auf seinem Hochzeitsfest, indem er 30 Philister umbrachte. Als ihm dann mit List die Frau genommen wurde, ließ er 300 Füchse mit Fackeln an den Schwänzen durch die Kornfelder laufen. Und als seine Frau und ihr Vater dann umgebracht wurden, erschlug er 1000 Philister.

Heute beweist sich Stärke nicht mehr in solcherart »Schlagfertigkeit«. Aber die zunehmende Lust des Frontmanns, des Managers, sich im Kampf zu beweisen, ist geblieben. Und auch die nahezu rauschhafte Freude am Superlativ – Gleiches also nicht mehr mit Gleichem zu vergelten, sondern noch einen draufzusatteln. Erst 30 zu entlassen, dann den Markt des Konkurrenten vernichten, dann 1000 entlassen ... Um jeden Preis gewinnen also. »Grow or go« heißt das in der einschlägigen Managerliteratur. Ungeschminkter: Fressen oder gefressen werden.

Aber die Handbücher sind nicht ehrlich. Sie lügen zwar nicht. Aber sie sagen auch nicht die Wahrheit. Zumindest nicht die ganze Wahrheit. Denn wer jede Herausforderung annimmt, jeden Fehdehandschuh aufhebt, niemals zur Ruhe kommt – der wird unweigerlich untergehen. Der muss irgendwann scheitern. Und sei es an sich selbst. Dem wird auch irgendwann nicht mehr nur das »Hosianna« entgegenschallen – sondern eben auch das »Kreuzige ihn«. Der wird dem Gespött der Masse ausgesetzt. Über den darf irgendwann jeder einmal auskübeln – so viel und was er möchte. Alle Macht ist endlich. Und das Ende muss nicht einmal so dramatisch daherkommen wie bei Simson – mit Gefangenschaft und Folter. Heute reichen da weitaus banalere Vorgänge: ein kleiner Verkehrsunfall. Ein Verbal-Ausrutscher bei einer Feier. Eine nachgesagte Affäre. Der Verdacht auf Steuerhinterziehung. Oder eine unvollständige Spesenabrechnung. Da wird die eigene Härte zum Bumerang. »Große« Menschen stolpern über Kleinigkeiten.

> »Unter dem Blick deiner Augen bin ich mir zur Frage geworden.«
>
> Augustinus

Die Bibel ist da übrigens ehrlich. Da wird die ganze Geschichte erzählt. Dass Gott nämlich dem immer wieder kämpfenden Simson zwar ein furioses Finale gewährt. Eines, bei dem unzählige Männer und Frauen in den Tod gerissen werden und damit das Ende der Vorherrschaft der Philister über die Juden eingeleitet wird. Aber sie verschweigt auch die Schattenseite nicht: Simson stirbt. Ehrlich gesagt: Weniger blutig, ohne Hohngelächter, ohne (sozialen) Tod – dafür aber mit etwas mehr Gelassenheit, etwas mehr Milde, etwas mehr Nachsicht und sicher auch etwas mehr Demut. Wäre das nicht doch besser?

Simson und Delila

⁴ Einige Zeit später verliebte sich Simson in eine Frau namens Delila. Delila lebte im Tal Sorek. ⁵ Die Fürsten der Philister gingen zu ihr und sagten: »Bring Simson dazu dir zu verraten, was ihn so stark macht und wie wir ihn überwältigen und fesseln können. Dafür erhältst du von jedem von uns 1.100 Schekel Silber.« ⁶ Also bat Delila Simson: »Bitte verrate mir doch, was dich so stark macht und wie man dich fesseln und besiegen kann.« ⁷ Simson antwortete: »Wenn man mich mit sieben neuen Bogensehnen fesselt, die noch nicht getrocknet sind, werde ich so schwach wie alle anderen Menschen.« ⁸ Da brachten die Philisterfürsten Delila sieben neue Bogensehnen, die noch nicht getrocknet waren, und sie fesselte Simson damit. ⁹ Einige Männer hatten sich in einem Zimmer ihres Hauses versteckt, und nun rief sie: »Achtung, Simson! Die Philister kommen!« Aber Simson zerriss die Bogensehnen, als wären es angesengte Bindfäden. Das Geheimnis seiner Kraft blieb trotzdem unentdeckt. ¹⁰ Delila sagte zu Simson: »Du hast mich zum Narren gehalten und belogen! Jetzt verrate mir aber, wie man dich wirklich fesseln kann!« ¹¹ Simson antwortete: »Wenn man mich mit neuen Seilen fesselt, die noch unbenutzt sind, werde ich so schwach wie alle anderen Menschen.« ¹² Da nahm Delila neue Seile und fesselte ihn damit. Die Männer hielten sich wieder in dem Zimmer versteckt und Delila rief: »Achtung, Simson! Die Philister kommen!« Aber Simson zerriss die Seile an seinen Armen, als wären es dünne Fäden. ¹³ Da sagte Delila: »Bisher hast du deinen Spott mit mir getrieben und mich belogen! Willst du mir nicht endlich sagen, wie man dich fesseln kann?« Simson antwortete: »Wenn du meine sieben Haarlocken in das Gewebe auf deinem Webstuhl webst und mit dem Webkamm andrückst, werde

ich so schwach wie alle anderen Menschen.« Also webte Delila, während er schlief, seine sieben Locken in das Gewebe [14] und drückte sie mit dem Webkamm an. Wieder rief sie: »Achtung, Simson! Die Philister kommen!« Simson erwachte und riss den Webkamm samt Gewebe aus dem Webstuhl heraus und befreite sein Haar. [15] Da warf ihm Delila vor: »Wie kannst du sagen, dass du mich liebst, wenn du mir nicht vertraust? Du hast mich jetzt drei Mal getäuscht und mir noch immer nicht gesagt, was dich so stark macht.« [16] Und sie lag ihm Tag für Tag mit ihren Vorwürfen in den Ohren und bedrängte ihn, bis er es nicht mehr aushielt. [17] Darum vertraute Simson ihr schließlich sein ganzes Geheimnis an und sagte zu ihr: »Mein Haar ist noch nie geschnitten worden, denn seit meiner Geburt bin ich Gott als Nasiräer geweiht. Wenn man meine Haare abschneiden würde, würde mich meine Kraft verlassen und ich wäre so schwach wie alle anderen Menschen.« [18] Delila merkte, dass er ihr diesmal die Wahrheit gesagt hatte. Sie schickte jemanden zu den Philisterfürsten und ließ ihnen sagen: »Kommt noch ein einziges Mal, denn jetzt hat er mir sein ganzes Geheimnis anvertraut.« Die Philisterfürsten kamen und brachten ihr das Geld mit. [19] Delila ließ Simson auf ihrem Schoß einschlafen, rief einen Mann herein und schnitt Simson die sieben Haarlocken ab. Und tatsächlich, sie bezwang ihn und seine Stärke verließ ihn. [20] Dann rief sie: »Achtung, Simson! Die Philister kommen!« Er erwachte und dachte: »Ich werde mich befreien und meine Fesseln abschütteln wie die übrigen Male.« Denn er wusste nicht, dass der Herr ihn verlassen hatte. [21] Da packten ihn die Philister und stachen ihm die Augen aus. Dann brachten sie ihn nach Gaza, wo er in Bronzeketten gelegt wurde und im Gefängnis den Mühlstein drehen musste.

Jesus

oder: Vom rechten Maß

Eigentlich kann er zufrieden mit sich sein: Voller Ideen. Voller Kraft. Voller Tatendrang. Er steht »voll im Saft«, wie man so sagt. Und auf andere wirkt er wie einer, der die Welt aus den Angeln heben kann. Er schafft, als gäbe es immer ein Morgen. Als gäbe es keine Aufgabe, die zu schwer wäre, um nicht von ihm bewältigt zu werden. Er hat Erfolg. Weil er so ist, wie er ist. Weil er seinen Begabungen und Talenten Fleiß und Einsatz zur Seite gestellt hat.

Aber wenn er in die Zeitungen blickt, die Berichte im Fernsehen sieht, dann bekommt er eine vage Vorstellung davon, was viele Menschen auch über ihn denken: Dass für ihn nur das Unternehmen zähle. Der nächste Geschäftsbericht. Die nächste Aufsichtsratssitzung. Die nächste Dividende. Und vor allem seine nächste Prämie. Er weiß: Wenn er in Urlaub fährt, dann interessiert Dritte daran nur, welches luxuriöse Hotel er sich diesmal gönnt. Jeder glaubt, dass er eine Yacht habe. Dass er sich Gedanken über einen Umbau zu Hause mache, weil vielleicht Bad und Sauna nicht mehr modern wirken. Und dass seine Freizeitbeschäftigung im Blättern von Prospekten namhafter Schweizer Uhrenhersteller bestehe.

> »Ich sage euch:
> Nutzt euren weltlichen
> Besitz zum Wohl anderer
> und macht euch damit
> Freunde. Auf diese Weise
> sammelt ihr euch mit eurer
> Großzügigkeit Lohn im
> Himmel an.«
>
> Lukas 16, 9f.

Er weiß um alle diese Unterstellungen. Er weiß auch, dass mancher

> »Dem Hungernden
> gehört das Brot,
> das du zurückhältst,
> dem Nackten das
> Kleidungsstück, das du
> im Schrank verwahrst,
> dem Barfüßigen
> der Schuh, der bei
> dir verfault,
> dem Bedürftigen
> das Silber, das du
> vergraben hast.
> Du tust also vielen
> Unrecht, denen du
> hättest helfen können.«
>
> Basilius von Caesarea

seiner Bekannten so denkt und trotzdem von seiner Nähe profitiert. Von dem, was andere Wohlstand nennen und was er sich so hart hat erarbeiten müssen.

Doch ist es gar nicht das, was ihn wirklich beschäftigt. Wie war das noch, als er von einem guten Bekannten erfuhr, dass dessen Zeit bald kommen werde, für immer Lebewohl zu sagen. Das sind die entscheidenden Momente. Da kommt es darauf an, was wirklich wichtig ist im Leben. Was bleibt. Was zählt.

»Sorgt euch nicht um Alltägliches«, sagt Jesus seinen Jüngern, nachdem er von einem Mann aus der Menge aufgefordert worden war, dessen Bruder zum Teilen des väterlichen Erbes zu verpflichten. »Sorgt euch nicht um Alltägliches – ob ihr genug zu essen oder anzuziehen habt, denn das Leben besteht aus weit mehr als Nahrung und Kleidung.« Das ist keine Aufforderung zur Armut. Das ist auch keine Absage an Reichtum und Wohlstand. Keine Verachtung der schönen, der angenehmen Seiten des Lebens. Das ist schon gar kein Plädoyer für die organisierte Verantwortungslosigkeit.

Im Gegenteil: Jesus rückt die Maßstäbe wieder zurecht. Er macht klar, dass das Machbare Grenzen hat – und das Gebotene nicht aus Gefälligkeit zu geschehen hat. »Können alle eure Sorgen euer Leben auch nur um einen einzigen Augenblick verlängern? Natürlich nicht. Und wenn eure Sorge schon in so geringen Dingen nichts bewirkt, was nützt es da, sich um größere Dinge zu sorgen?«, sagt Jesus.

Nur vordergründig kann das als Freifahrtschein zur Flucht aus der Pflicht und der Verantwortung verstanden werden. Selbstverständlich bleibt die Aufgabe zur Sorge. Aber es geht um eine andere Sorge. Und es geht um das rechte Maß. Darum, dass Begabungen, Fähigkeiten und auch Erfolge in den Dienst heben – nicht in den Stand. Darum, dass die Annehmlichkeiten des Lebens ein Segen sind, aus dem Verantwortung erwächst – nicht nur Vergnügen. Darum auch, dass mit dem Wachsen des Reichtums Herzen gewonnen werden sollen – und nicht das Herz sich an den Reichtum verliert. Es geht darum, dass es »dumm ist, auf der Erde Reichtümer anzuhäufen und dabei nicht nach dem Reichtum bei Gott zu fragen.« Und es geht darum, die vergänglichen Güter so zu gebrauchen, dass wir die ewigen dabei im Blick behalten.

Mancher weiß, dass erst existenzielle Situationen diese Einsicht befördern: Eine Krankheit, der Verlust eines lieben Menschen, eine Krise. Andere schätzen sich glücklich, dass ihnen genau solche Situationen erspart geblieben sind. Alle erinnern sich, dass am Anfang eine Frage stand. Keine komplizierte Frage. Eher eine ganz einfache: Was ist das Wichtigste? – Jesus hat seinen Jüngern auf diese einfache Frage eine ebenso einfache Antwort gegeben: »Macht euch keine Gedanken über eure Nahrung – was ihr essen oder trinken sollt. Macht euch keine Gedanken, ob Gott euch damit versorgen wird. Diese Dinge beherrschen das Denken der meisten Menschen, doch euer Vater im Himmel weiß, was ihr braucht. Er wird euch jeden Tag das Nötige geben.« Mit anderen Worten: Es kommt nicht darauf an, wie viel man hat – sondern wie man mit dem umgeht, was man hat!

Lukas 12, 13-34

Das Gleichnis vom reichen Bauern

[13] Da rief einer aus der Menge: »Meister, sag doch meinem Bruder, dass er das väterliche Erbe mit mir teilen soll.« [14]Jesus erwiderte: »Wer hat mich zum Richter über euch gemacht, um in solchen Dingen zu entscheiden?« [15] Und er fuhr fort: »Nehmt euch in Acht! Begehrt nicht das, was ihr nicht habt. Das wahre Leben wird nicht daran gemessen, wie viel wir besitzen.« [16] Und er gab ihnen folgendes Gleichnis: »Ein wohlhabender Mann besaß einen großen Hof mit Äckern, die reiche Ernten brachten, [17] so viel, dass seine Scheunen die Erträge nicht fassen konnten. [18] Da sagte er sich: ›Ich weiß, was ich mache! Ich werde meine Scheunen abreißen und größere bauen. Auf diese Weise habe ich genug Platz, um alles zu lagern. [19] Und dann werde ich mich zurücklehnen und mir sagen: Mein Freund, du hast für Jahre genug eingelagert. Genieße das Leben. Iss, trink und sei fröhlich!‹ [20] Aber Gott sagte zu ihm: ›Wie dumm von dir! Du wirst noch heute Nacht sterben. Und wer wird dann das alles bekommen?‹ [21] Ihr seht, wie dumm es ist, auf der Erde Reichtümer anzuhäufen und dabei nicht nach Reichtum bei Gott zu fragen.«

Lehre über Geld und Besitz

[22] Darauf wandte Jesus sich wieder an seine Jünger: »Deshalb sage ich euch: Sorgt euch nicht um Alltägliches – ob ihr genug zu essen oder anzuziehen habt, [23] denn das Leben besteht aus weit mehr als Nahrung und Kleidung. [24] Seht die Raben an. Sie brauchen nicht zu säen, zu ernten oder Vorratsscheunen zu bauen, denn Gott ernährt sie. Und ihr seid ihm doch weit wichtiger als irgendwelche Vögel! [25] Können all eure Sorgen euer Leben auch nur um einen einzigen Augenblick verlängern? Natürlich nicht!

²⁶ Und wenn euer Sorgen schon in so geringen Dingen nichts bewirkt, was nützt es da, sich um größere Dinge zu sorgen? ²⁷ Seht doch die Lilien, wie sie wachsen. Sie arbeiten nicht und nähen sich keine Kleider, und doch war Salomo in all seiner Pracht nicht so schön gekleidet wie eine von ihnen. ²⁸ Wenn Gott schon für die Blumen so wunderbar sorgt, die heute blühen und morgen bereits verwelkt sind, wie viel mehr wird er da für euch sorgen? Euer Glaube ist so klein! ²⁹ Macht euch keine Gedanken über eure Nahrung – was ihr essen oder trinken sollt. Macht euch keine Gedanken darüber, ob Gott euch damit versorgen wird. ³⁰ Diese Dinge beherrschen das Denken der meisten Menschen, doch euer Vater weiß, was ihr braucht. ³¹ Er wird euch jeden Tag alles Nötige geben, wenn das Reich Gottes für euch das Wichtigste ist. ³² Hab also keine Angst, kleine Herde. Denn es macht eurem Vater große Freude, euch das Reich Gottes zu schenken. ³³ Verkauft, was ihr habt, und gebt es den Bedürftigen. Auf diese Weise sammelt ihr euch Schätze im Himmel! Und die Geldbörsen des Himmels haben keine Löcher. Dort ist euer Schatz sicher – kein Dieb kann ihn stehlen und keine Motte ihn zerfressen. ³⁴ Wo immer euer Reichtum ist, da wird auch euer Herz sein.

Sulamith

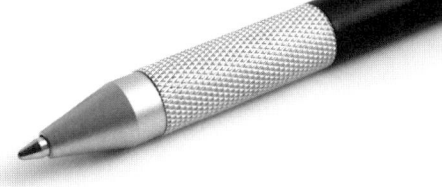

oder: Vom Meistern der Ehe

Ehefragen sind keine Managerfragen. Aber sie betreffen auch Manager. Häufig sind Ehen von Managern und Personen des öffentlichen Lebens sogar besonderen Belastungen ausgesetzt. »Wie soll das nach einer achtzig Stunden Woche gehen?«, fragte mich einmal ein Politiker, »Ich lande spätabends auf dem Flughafen, komme nach Hause und soll jetzt einfach den Hebel umlegen und einen auf Ehemann und Familienvater machen?«

Nach Hause kommen sei das eine, *zu Hause ankommen* etwas anderes. Dafür reiche die kurze Zeit oft nicht aus. Eine Zeit, die dazu noch gestört werde durch Fax, Telefon und E-Mails. Es sei bei weitem nicht so, dass er nicht bereit wäre, zu kochen oder den Tisch abzuräumen. Aber bis er im Takt der Familie angekommen sei, spiele in der Regel schon wieder die Musik der Arbeitswoche.

Sie unterstütze ihren Mann in seinem schwierigen und zeitaufwändigen Beruf, sagte mir eine Frau, aber sie komme nur schwer damit zurecht, dass er auch am Wochenende und in den Ferien zunehmend weniger das tue, was beide früher gern getan hätten und stattdessen auch diese Zeiten dem Etikett des Parketts unterwerfe. «Wenn irgendein Mister Hochwichtig auf dem Golfplatz auftaucht, müssen wir Golf spielen. Und wenn Hänschen Superwichtig ins Stadion geht,

> »Wer kann schon eine tüchtige Frau finden? Sie ist wertvoller als die kostbarsten Edelsteine.«
>
> Die Sprüche 31, 10

dackeln wir brav hinterher. Das wird mir als Freizeit verkauft. VIP-Lounge – das ist für mich keine besondere Auszeichnung. Das ist für mich wie Gefängnis!«

Zwei Sichtweisen auf ein und dieselbe Sache. Natürlich gilt der Satz, dass der nicht wirklich wichtig ist, wer sich keine Auszeit nehmen kann. Und auch der Partner muss am Wochenende mal die Zähne zusammenbeißen und einen Pflichttermin mitmachen. Trotzdem gilt: Wo andere Ehen vielleicht im Zuviel an Zeit ertrinken, verhungern Managerehen bisweilen im Zuwenig an gemeinsamer Zeit.

Ein Macher – und wo die Frau den Managerjob hat natürlich auch: eine Macherin – sollte die Pausenzeiten erstens mit seiner Familie besprechen und sich dann zweitens auch daran halten. Erfahrungsgemäß klappt das Erste meist besser als das Zweite.

Managerehen kennzeichnet häufiges Umziehen. Das ist eine enorme Belastung für die gesamte Familie und reißt die Familienglieder aus ihren sozialen Bindungen heraus. Wer dem entkommt und wem es gelingt, sesshaft zu werden, dessen Anwesen erweckt nicht selten den Eindruck eines Goldenen Käfigs, durch den die Familie quasi Anteil haben soll am Erfolg und gewiss auch hat. Quasi ist aber eben nicht wirklich, sondern am Ende doch nur scheinbar.

> »Ihr Mann ist angesehen, denn er sitzt in der Ratsversammlung zusammen mit anderen hohen Bürgern des Landes.«
>
> Die Sprüche 31, 23

Nein, weiß Gott ist nicht jede Managerehe eine schlechte Ehe. Probleme gibt es bekanntlich auch in Ehen außerhalb von Führungskräften. Aber spätestens dann, wenn der Kontakt zum Hund oder zum Pferd besser ist als der zum Partner, ist Wachsamkeit angesagt. Wenn das Geburtstagsgeschenk für die Partnerin auch im zweiten Jahr durchs Büro besorgt wird, auch dann ist Wachsamkeit angesagt.

Ob es nicht etwas gebe, wo sie sich engagieren könne, wollte eine Managerfrau wissen: »Nicht das Übliche. Nicht dieser organisierte Benefizkram, bei dem sich am Ende doch alles um die Prominenz und ihre gute Tat dreht.« Was für ein Lebenshunger inmitten von Daseinsfülle.

»Ich gehöre meinem Geliebten; und ich bin es, nach der er sich sehnt«, heißt es im Hohenlied der Liebe (7,11-13). So schlicht und naiv drückt sich die Augenhöhe wahrer Partnerschaft aus. »Komm, mein Geliebter, wir wollen aufs Feld hinausgehen und die Nacht zwischen wilden Blumen verbringen. Lass uns früh am Morgen hinaus in die Weinberge gehen. Lass uns nachsehen, ob die Weinstöcke bereits treiben, die Knospen sich öffnen die Granatapfelbäume blühen. Dort will ich dir meine Liebe schenken.«

So etwas gehöre in die Jugendzeit, aber nicht in die Bibel, hat einmal jemand gesagt. Aber dort steht es nun mal. Eingemeißelt und festgeschrieben wartet es darauf, wieder neu entdeckt zu werden. Ohne Parkettzwang.

Das Hohelied 7

Junge Frauen von Jerusalem: »Komm zurück, komm zurück, Sulamith! Komm zurück, komm zurück, damit wir dich anschauen können!« Junger Mann: »Was schaut ihr denn an Sulamith an, wenn sie den Reigen von Mahanajim tanzt*? ² Wie bezaubernd sind deine Schritte in den Sandalen, du königliches Mädchen. Die Rundungen deiner Hüften sind wie Geschmeide: das Werk eines Künstlers. ³ Dein Nabel gleicht einer runden Schale, der es nie an edlem Wein fehlen wird. Dein Bauch ist wie ein Weizenhügel, gesäumt mit Lilien. ⁴ Deine beiden Brüste sind wie zwei junge Rehe, wie Zwillinge der Gazelle. ⁵ Dein Hals gleicht einem Turm aus Elfenbein und deine Augen sind wie die Teiche in Heschbon am Tor von Bat-Rabbim. Deine Nase ist wie der Libanonturm, der nach Damaskus blickt. ⁶ Dein Kopf ist wie der Berg Karmel, dein gelöstes Haar wie Purpur. Ein König liegt in deinen Locken gefangen. ⁷ Wie schön und wie bezaubernd du bist, deine Liebe ist so beglückend! ⁸ Dein Wuchs gleicht einer hohen Palme und deine Brüste sind wie Trauben. ⁹ Ich sagte mir: ›Ich will auf die Palme steigen und nach den Rispen greifen. Deine Brüste werden für mich wie Weintrauben sein. Der Duft deines Atems wird wie der Duft von Äpfeln, ¹⁰ dein Mund wie der köstlichste Wein sein, der mir süß die Kehle hinabfließt und Lippen und Zähne sanft benetzt*.‹ «Junge Frau: ¹¹ »Ich gehöre meinem Geliebten; und ich bin es, nach der er sich sehnt. ¹² Komm, mein Geliebter, wir wollen aufs Feld hinausgehen und die Nacht zwischen wilden Blumen* verbringen. ¹³ Lass uns früh am Morgen hinaus in die Weinberge gehen. Lass uns nachsehen, ob die Weinstöcke bereits treiben, die Knospen sich öffnen und die Granatapfelbäume blühen. Dort will ich dir meine Liebe schenken! ¹⁴ Die

Liebesäpfel verströmen ihren Duft und köstliche Früchte liegen vor unserer Tür, neue wie alte: Ich habe sie für dich aufbewahrt, mein Geliebter.«

Elia

oder: Burn-out kurz vor dem Tinnitus

Der Mann ist müde. Am Ende hat nicht *er* das Amt gemeistert, das Amt hat ihn geschafft. Dabei kann seine Bilanz sich sehen lassen. Alles tipptopp. Die Zahlen stimmen. Die Leistung auch. Aber das macht seine Gegner und Neider nur noch wütender. Sie gönnen ihm den Erfolg nicht, wollen ihn weghaben.

Er hat keine Lust mehr auf dieses Spiel. Er bekommt sogar Angst; eine Angst, von der er vorher nicht einmal geahnt hätte, dass es sie gibt. Liegt darin der Sinn des Lebens? Mit leidenschaftlichem Eifer immer nur zu klotzen? Die beste Presse zu haben? Die Konkurrenz auszuschalten? Wie Kinder im Sandkasten darum zu eifern, wer die größte Burg hat? Und wer die des anderen zerstört?

»Es ist genug, Herr«, seufzt er seinem Gott. Wie ernst ihm dieses »Basta« ist, unterstreicht er dadurch, dass er seinen persönlichen Assistenten stehen lässt. Er hat das System durchschaut. Er will es nicht prolongieren. Er braucht den Apparat mit seinen kleinen und größeren Annehmlich- und Nützlichkeiten nicht mehr. Jetzt geht es ums Wesentliche.

In die Wüste zieht es ihn. Vielleicht, weil er auch die wüsten Stellen seines eigenen Lebens gesehen hat: Die Ödnis – auf hohem Niveau, gewiss, aber Ödnis bleibt Ödnis. Vielleicht auch den

> »Wo ist bei uns Christen jene unbegreifliche Heiterkeit, die denen doch eigen ist, die überwunden haben, die wissen, dass das Tor zur unendlichen Zukunft nie mehr zufallen kann?«
>
> Karl Rahner

> »Gott spricht oft
> so leise, dass man ihn
> überhören kann.«
>
> Karl Rahner

Sand im Getriebe seines privaten Lebens. Der Appetit ist ihm vergangen. Er legt sich unter einen Strauch und wünscht sich den Tod.

Die Rede ist von Elia, dem Propheten. Sein kraftraubender Kampf gegen König Ahab und dessen Baalspropheten sind die Ursache für seine Amtsmüdigkeit. Die Geschichte von Elia am Berg Horeb ist eine der ältesten Berichte über das Burn-out. Interessant ist, wie Elia mit der Krise umgeht. Konsequent und entschlossen, wie er es in seinem beruflichen und persönlichen Leben gewohnt ist. Ganz oder gar nicht.

Aber weder nimmt er sich einen Strick noch entzieht er sich der Situation, indem er sich ins Private zurückzieht. Es zieht ihn in die Wüste. An den Ort, an dem für die Alten Gott besonders gegenwärtig war. Da, in der Einsamkeit und Hitze, legt er sich nieder. Er übergibt das, was sein Leben ausmacht, dem, der ihm dieses Leben einst gegeben und eingehaucht hat. »Nun ist es genug, Herr. Nimm mein Leben; denn ich bin nicht besser als meine Väter«, betet er.

Was die alte Erzählung uns nun als Wunder darstellt, ist in der Tat wunderbar. Ein Engel bringt ihm frisch gebackenes Brot und einen Krug mit Wasser. Und er isst und trinkt und legt sich wieder hin. Vierzig Tage und vierzig Nächte. Essen, trinken, schlafen, wandern. Dabei Gespräche mit einem Boten Gottes. Die Kirche hat aus dieser Geschichte gelernt. Sie bietet dieses puristische Programm an. Auch für Manager. Und viele, die es exerziert haben, sind mit neuer Klarheit in ihr altes Leben zurückgekehrt. Sie haben Verantwortung übernommen, die das Ganze im Blick hat und die weiterreicht und beständiger ist als eine gute Presse.

Elias Chance bestand darin, dass er erkannt hat: Durch Weglaufen und in den Sack hauen ist noch nichts gewonnen. Denn wo auch immer er hingelaufen wäre, er hätte sich selbst mitgenommen. Elia vertraut sich Gott an. Aus heutiger Sicht hört sich das steil an. Aber unsereiner muss ja nicht mehr in die Wüste, sondern kann es Elia in einer Klosterkammer nachtun. Wer das versucht, wird hinter allem Anstrengenden und Zermürbenden, vielleicht auch hinter dem Pfeifen im Ohr, mit dem man nach dem Hörsturz leben muss, nicht mehr nur den Tinnitus vermuten, sondern jenes sanfte, leise Säuseln, mit dem Gott schon zu Elia sprach und ihm zurief: »Steh auf und iss, denn du hast einen weiten Weg vor dir.« Das klingt nach Aufbruch – und nach einem Basislager für Gipfelstürmer.

»Meine Zeit steht in deinen Händen.
Nun kann ich ruhig sein, ruhig sein in dir.
Du gibst Geborgenheit, du kannst alles wenden.
Gib mir ein festes Herz, mach es fest in dir.«

Peter Strauch

1 Könige 19, 1–15

Elia flieht zum Sinai

[1] Ahab erzählte Isebel alles, was Elia getan hatte und wie er alle Baalspropheten mit dem Schwert getötet hatte. [2] Daraufhin schickte Isebel einen Boten zu Elia und ließ ihm ausrichten: »Die Götter sollen auch mich töten, wenn ich nicht morgen um diese Zeit das Gleiche mit dir tue, wie du es mit ihnen gemacht hast.« [3] Da bekam Elia Angst und floh um sein Leben. Er ging nach Beerscheba in Juda; dort ließ er seinen Diener zurück. [4] Er aber ging allein eine Tagesstrecke weit in die Wüste. Schließlich sank er unter einem Ginsterstrauch nieder, der dort stand, und wollte nur noch sterben. »Ich habe genug, Herr«, sagte er. »Nimm mein Leben, denn ich bin nicht besser als meine Vorfahren.« [5] Dann legte er sich hin und schlief unter dem Strauch ein. Doch plötzlich berührte ihn ein Engel und sagte zu ihm: »Steh auf und iss!« [6] Er blickte um sich und sah ein Stück auf heißen Steinen gebackenes Brot und einen Krug Wasser bei seinem Kopf stehen. Also aß und trank er und legte sich wieder hin. [7] Da kam der Engel des Herrn ein zweites Mal, berührte ihn und sagte: »Steh auf und iss, denn vor dir liegt eine lange Reise!« [8-9] Er erhob sich, aß und trank, und das Essen gab ihm genug Kraft, um 40 Tage und Nächte bis zum Berg Gottes, dem Horeb, zu wandern. Dort fand er eine Höhle, in der er die Nacht verbrachte.

Der Herr spricht zu Elia

[10] Elia antwortete: »Ich habe dem Herrn, Gott, dem Allmächtigen, von ganzem Herzen gedient. Denn die Israeliten haben ihren Bund mit dir gebrochen, deine Altäre niedergerissen und deine Propheten getötet. Ich allein bin übrig geblieben, und jetzt wollen sie auch mich umbringen.« [11] Da sprach der Herr zu ihm: »Geh hinaus

und stell dich auf den Berg vor den Herrn, denn der Herr wird vorübergehen.« Zuerst kam ein heftiger Sturm, der die Berge teilte und die Felsen zerschlug, vor dem Herrn her. Doch der Herr war nicht im Sturm. Nach dem Sturm bebte die Erde, doch der Herr war nicht im Erdbeben. [12] Und nach dem Erdbeben kam ein Feuer, doch der Herr war nicht im Feuer. Und nach dem Feuer ertönte ein leises Säuseln. [13] Als Elia es hörte, zog er seinen Mantel vors Gesicht, ging nach draußen und stellte sich in den Eingang der Höhle. Eine Stimme sprach: »Was tust du hier, Elia?« [14] Er sagte: »Ich habe dem Herrn, Gott, dem Allmächtigen, von ganzem Herzen gedient. Aber die Israeliten haben ihren Bund mit dir gebrochen, deine Altäre niedergerissen und deine Propheten umgebracht. Ich allein bin übrig geblieben, und jetzt wollen sie auch mich noch umbringen.« [15] Da sprach der Herr zu ihm: »Geh zurück auf dem Weg, den du gekommen bist, durch die Wüste nach Damaskus. Wenn du dort bist, salbe Hasaël zum König von Aram.«

Mose

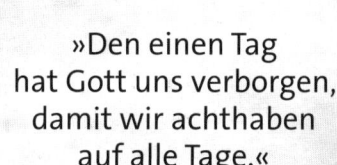

oder: Eiserne Ration

Wie Manager leben – das wird in vielen Büchern beschrieben und auf vielen Fotos gezeigt. Aber wie Manager sterben – darüber gibt es nur wenig Berichte. Das hat auch damit zu tun, dass der Tod etwas sehr Persönliches ist und sich der Öffentlichkeit entzieht. Aber die Frage bleibt: Wie stirbt man?

> »Den einen Tag hat Gott uns verborgen, damit wir achthaben auf alle Tage.«
>
> Augustinus

Wie stirbt jemand, der sein Leben lang geführt und bestimmt hat und über den nun andere verfügen: Ärzte, Pflegepersonal, die Familie? Wie stirbt jemand, der stets bis an die Grenze gegangen, nun aber an seine Grenze gekommen ist? Konjunkturfragen, Exposés, Prognosen – das alles nimmt sich geradezu einfach aus gegen diese Aufgabe mit ihren schweren Fragen und Unwägbarkeiten: Werde ich bei Bewusstsein sein? Ist der Tod Schlusspunkt oder ist er Doppelpunkt? Wird Zeit und Kraft sein, sich zu verabschieden? Sind da Worte, die noch gesagt werden müssen? Oder gar Worte, die nie hätten gesagt werden dürfen? Fragen über Fragen.

> »Keinen Weg lässt uns Gott gehen, den er nicht selbst gegangen wäre und auf dem er nicht voranginge.«
>
> Dietrich Bonhoeffer

Mose, so die Überlieferung, besteigt an seinem Ende noch einmal einen Gipfel: den Gipfel des

Berges Nebo. Dort hat er einen wunderbaren Blick auf das Gelobte Land, in das er das Volk Israel führen wollte, aber nicht mehr führen wird. Dort wartet Gott selbst auf ihn und sagt: »Du hast nun das Land gesehen. Aber du sollst selbst nicht hinübergehen.« Mose kann sein Ende annehmen. Er fragt nicht: Warum jetzt? Warum die ganze Tortur, die 40 Jahre Wüste, wenn ich die Sache nicht selbst zu Ende bringen kann? Hier gibt es einen anderen Plan, der alle Termine und Vorhaben durchkreuzt.

In der Literatur werden großartige Tode gestorben. Die Darstellung vom Tod des Mose ist eine davon. Aber wir wissen: Es gibt auch elendes Krepieren.

>»Wenn ich einmal soll scheiden,
> so scheide nicht von mir;
> wenn ich den Tod soll leiden,
> so tritt du dann herfür;
> wenn mir am allerbängsten
> wird um das Herze sein,
> so reiß mich aus den Ängsten
> kraft deiner Angst und Pein.«
>
> Paul Gerhardt

Sterben heißt nicht tot sein, sondern bedeutet Abschied zu nehmen. Auf dieses letzte Stück des Lebens kann man sich vorbereiten. Ob es einem gegeben sein wird, das Vorbereitete zu gebrauchen, steht auf einem anderen Blatt. Matthias Claudius, der Dichter des Liedes »Der Mond ist aufgegangen«, hat zwei Verse hinterlassen, die dafür Lebensproviant sind. Eiserne Ration:

»Gott, lass dein Heil uns schauen,
auf nichts Vergänglichs trauen,
nicht Eitelkeit uns freun;
lass uns einfältig werden
und vor dir hier auf Erden
wie Kinder fromm und fröhlich sein.

Wollst endlich sonder Grämen
aus dieser Welt uns nehmen
durch einen sanften Tod.
Und wenn du uns genommen
lass uns in'n Himmel kommen.
Du unser Herr und unser Gott.«

5 Mose 34

Moses Tod

[1] Anschließend stieg Mose aus den Ebenen von Moab auf den Berg Nebo, den Gipfel des Pisga, der gegenüber von Jericho liegt. Und der Herr zeigte ihm das ganze Land: das Land von Gilead bis Dan, [2] das ganze Land von Naftali, das Land von Ephraim und Manasse, das Land Judas bis zum Mittelmeer, [3] den Negev, sowie das Jordantal mit Jericho – der Palmenstadt – bis nach Zoar. [4] Dann sprach er zu Mose: »Dies ist das Land, das ich Abraham, Isaak und Jakob mit einem Eid versprochen habe, indem ich sagte: ›Ich werde es euren Nachkommen geben.‹ Ich habe es dir gezeigt, aber du wirst es nicht betreten.« [5] Mose, der Diener des Herrn, starb dort in Moab, wie der Herr es angekündigt hatte. [6] Der Herr begrub ihn in einem Tal bei Bet-Peor in Moab. Der genaue Ort seiner Grabstätte ist jedoch bis heute nicht bekannt. [7] Mose starb im Alter von 120 Jahren, aber seine Augen waren nicht schwach geworden und er war noch rüstig. [8] 30 Tage lang trauerten die Israeliten in den Ebenen von Moab um Mose, bis die übliche Trauerzeit vorüber war. [9] Josua, der Sohn Nuns, war mit dem Geist der Weisheit erfüllt, denn Mose hatte ihm die Hände aufgelegt. Deshalb hörten die Israeliten auf ihn und machten alles so, wie der Herr es ihnen durch Mose befohlen hatte. [10] Nie wieder gab es einen Propheten wie Mose in Israel, dem der Herr persönlich begegnete. [11] Der Herr hatte Mose gesandt, um in Ägypten all die Zeichen und Wunder an dem Pharao, seinen Ministern und seinem Land zu vollbringen. [12] Und Mose hatte vor den Augen aller Israeliten Machtvolles und Schrecken Erregendes getan.